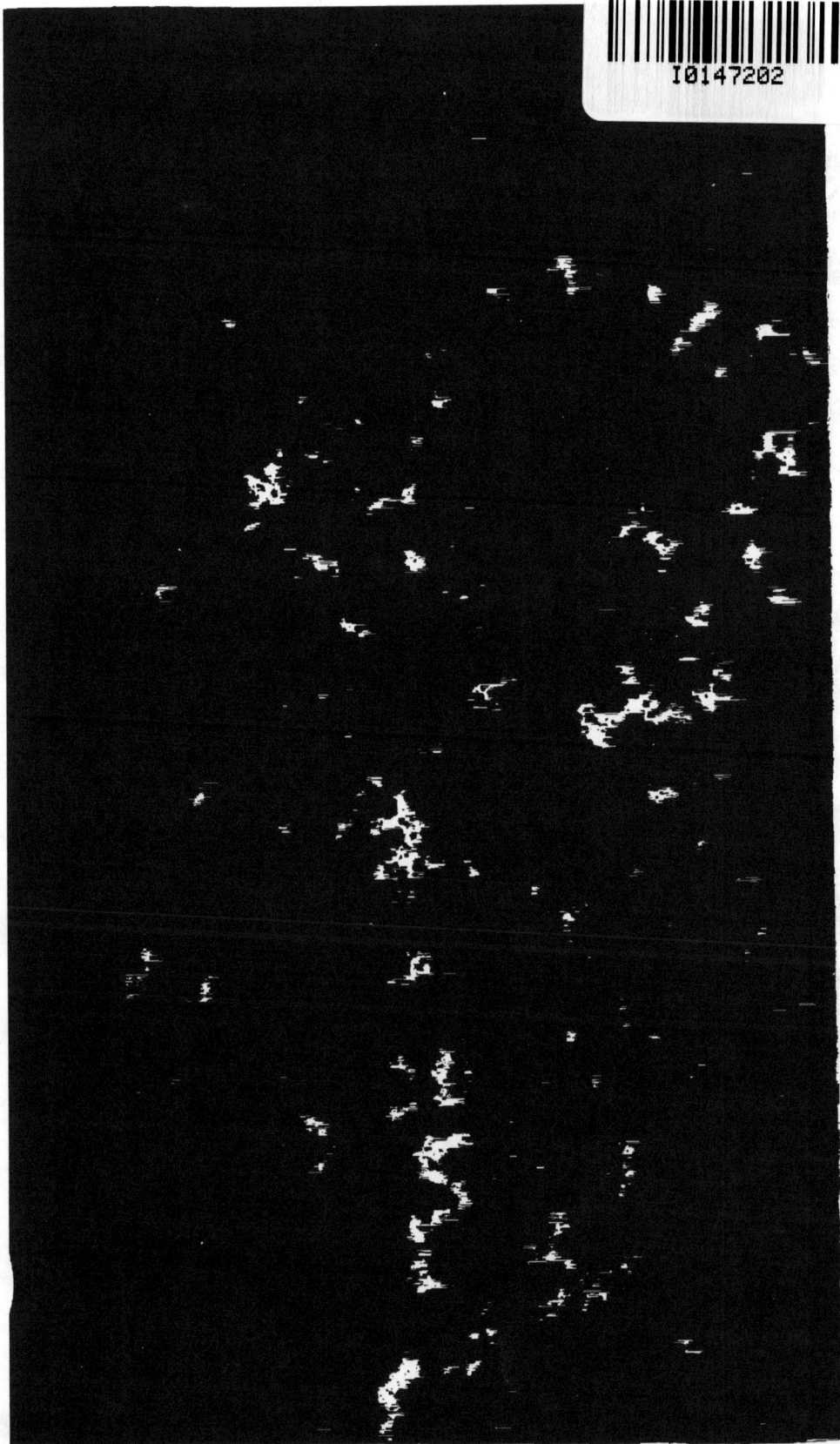

RÉPONSE

A M. ADALBERT DEGANNE

ARCACHON

RÉPONSE

A LA BROCHURE DE M. ADALBERT DEGANNE

INTITULÉE

ARCACHON

QUELQUES NOTES A PROPOS DU BOULEVARD DE CEINTURE
ET DES TRAVAUX COMMUNAUX ;

PAR

A. LAMARQUE DE PLAISANCE

Maire d'Arcachon,

membre du Conseil général de la Gironde, chevalier de la Légion d'Honneur.

BORDEAUX

IMPRIMERIE GÉNÉRALE DE Mme CRUGY

rue et hôtel Saint-Siméon, 16.

1862

RÉPONSE

A M. ADALBERT DEGANNE

———

Arcachon, le 17 janvier 1862.

Je savais depuis longtemps, Monsieur, que,
chaque fois qu'il est question devant vous
d'Arcachon, vous saisissez avec empressement,
lorsque vous ne la faites pas naître vous-même,
l'occasion de citer son administration municipale à la barre de votre tribunal, de l'écraser,
comme accusateur, des foudres de votre élo-
quence, et, comme juge, de prononcer contre
elle un sévère verdict qui, fort heureusement,
n'est point sans appel. Ce n'est pas seulement
à huis-clos et dans la prudente réserve d'un
épanchement intime que vous rendez vos ora-

cles. Il faudrait notamment n'avoir jamais eu l'avantage de se trouver avec vous dans un compartiment de voie ferrée, pour ignorer que c'est là surtout, au milieu des étrangers qui se dirigent, à pleins wagons, vers notre plage privilégiée, que vous vous plaisez à les édifier sur le mérite de ceux qui se dévouent, depuis bientôt dix ans, pour en opérer le développement et en faire la fortune à laquelle vous prenez une si large part. Je savais aussi que, lorsqu'un journal bordelais eut cessé d'ouvrir ses colonnes à des attaques auxquelles vous applaudissiez avec une complaisance ressemblant, à s'y méprendre, à de l'affection paternelle, attaques dont il comprit bien vite les malveillantes intentions, vous servîtes complaisamment de parrain, si vous n'y teniez pas par des liens plus étroits et plus chers, à une feuille naissante créée et mise au monde dans l'unique but de me couvrir d'outrages, et sur la tombe de laquelle vous venez aujourd'hui, après trois ans de deuil, verser des

larmes amères et répandre pieusement quelques fleurs. Je ne puis pas avoir oublié que,
lorsqu'une enquête sollicite l'avis des habitants sur un projet de mon administration,
vous venez solennellement déposer, sur le
registre officiel, votre sentiment qui est en
même temps une désapprobation et une injure.
Je savais tout cela, Monsieur; pourquoi donc
n'en ai-je pas encore demandé réparation,
soit à la justice, soit à l'opinion publique?
C'est que, par un privilége dont vous m'avez
honoré, j'ai toujours jusqu'ici été seul en
butte à vos attaques passionnées, pour lesquelles le dédain me suffisait. Mais aujour-
d'hui que vous avez compris le Conseil municipal dans vos invectives, la même réserve ne
m'est plus imposée. Je vais prendre notre
défense commune. Vous ne vous êtes pas
borné à nous censurer amèrement, vous avez
voulu encore faire votre apologie. Il vous a
convenu d'établir un parallèle entre quelques-
uns de nos actes que vous traitez dédaigneu-

sement d'*écourtés* et de *mesquins*, en en passant habilement la plus grande partie sous
silence, et d'autres œuvres, les vôtres surtout, qui ont seules — c'est vous qui le dites
— un véritable cachet de grandeur et de
beauté. Vous vous êtes ainsi juché sur un
piédestal élevé par vos mains, et posé en idole.
Je prendrai la liberté de brûler à vos pieds, au
nom de la reconnaissance publique, l'encens
qui vous est dû. Vous avez jugé à propos de
déposer votre bilan à côté du nôtre; réglons
donc nos comptes, s'il vous plaît.

Vous voulez paraître de votre époque, Monsieur; comme tant d'autres, vous avez fait
votre brochure. Elle devenait en effet indispensable, pour peu que vous tinssiez à voir
continuer contre mon administration, et avec
un certain retentissement, ces violentes cen-
sures dont vous êtes si friand et si prodigue.
La presse bordelaise ne les accueillait plus.
Le *Phare d'Arcachon* s'était éteint, par arrêt
de justice, dans une éclipse totale; l'*Étoile*

d'Arcachon, son digne satellite, avait filé,
après la distribution de son prospectus, gênée
sans doute, dans ses évolutions, par la double
et dure nécessité d'un cautionnement et d'une
autorisation; la parole, dont vous faites un si
noble usage dans l'intérêt public, s'envolait
avec trop de facilité; les correspondances se
trouvaient trop secrètes; les enquêtes elles-
mêmes ne vous offraient pas une publicité
suffisante pour vos projets; vous étiez donc
réduit, pour les mettre à exécution, à la
seule mais attrayante ressource de la brochure. Nous devons tous nous en féliciter :
moi le premier, car votre brochure me procure
le moyen de rappeler à ceux qui nous voient
à l'œuvre, et d'apprendre aux étrangers qui les
ignorent, les actes de cette administration qui
a eu le malheur d'encourir votre disgrâce; vous
ensuite, Monsieur, puisque cette publication
vous a forcé à apprendre quelque chose, à
étudier Molière que vous citez si judicieusement, Royer-Collard dont vous annoncez un

axiome que vous avez oublié, au moment de
l'inscrire comme *épigraphe de votre écrit*,
à côté du plan promis, mais pas produit, et
même Paul Cère, qui avait besoin de cette
occasion pour faire votre connaissance ; vos
lecteurs enfin, qui ne sont pas fâchés, je le
présume, ceux surtout assez privilégiés pour
posséder de vos autographes, d'applaudir à
vos rapides progrès. Votre période, en effet,
s'arrondit tout à coup, votre style s'épure et
s'humanise ; l'épithète d'*incapacités aussi
notoires* dont vous nous gratifiez quelque part,
quand vous tenez la plume, se transforme
galamment en *inhabilité* lorsque le prote
traduit votre pensée. C'est au point qu'après
vous avoir lu et relu, on est confondu du travail
que vous vous êtes imposé, et tenté de se
demander, avec une indiscréte curiosité, ce que
ce factum a pu vous coûter....... de peines.

Votre brochure, datée du 25 novembre dernier, vous la lancez enfin le 1er janvier, après
l'avoir couvée avec l'amour qu'inspire un pre-

mier-né ; et vous n'avez pas plutôt constaté
l'accueil qu'elle a reçu dans le pays, que vous
partez le lendemain pour la capitale, afin de
juger, sans doute, par vous-même, de l'effet
qu'elle y a produit ; absolument comme le pic-
vert, — qu'on me passe cette comparaison peu
digne de mon sujet, — qui frappe de son bec
le tronc d'un vieux chêne, et s'élance aussitôt
du côté opposé pour s'assurer si le coup n'a
pas percé.

Examinons maintenant cette brochure, dans
laquelle le sarcasme tient plus de place que
le raisonnement. Je suivrai, pour nous défendre, l'ordre que vous avez adopté vous-
même pour nous attaquer.

Relevons d'abord son titre : *Quelques notes
à propos du boulevard de ceinture et des travaux communaux ;* relevons aussi le moment
choisi pour son apparition. Votre brochure voit
le jour pendant la durée de l'enquête ouverte

pour placer sous les yeux des habitants le projet
de classer, au nombre des chemins vicinaux,
certaines voies, notamment le prolongement
du n° 26, destiné à servir de boulevard de
ceinture, et la continuation de la route départementale jusqu'à Bernet. Les pièces de ces
sortes d'enquêtes contiennent tous les renseignements nécessaires pour que les intéressés
puissent manifester leurs opinions, en toute
connaissance de cause, sur l'utilité et la conve-
nance des travaux projetés. Lorsque le Conseil
est appelé ensuite à se prononcer, l'absence de
toute critique sur le registre destiné à recueillir
les avis est légalement considérée comme une
approbation unanime. Si donc votre but, Monsieur, eût été uniquement de soumettre, aux représentants de la commune, des observations
qui sont toujours accueillies avec la plus grande
bienveillance et examinées avec la plus sérieuse
attention, pourvu qu'elles soient présentées en
termes convenables, c'est d'abord dans l'enquête qu'il fallait inscrire votre sentiment sur

le chemin de ceinture proposé. Vous ne deviez faire appel à l'opinion publique que si le Conseil municipal, et après lui M. le Préfet, n'avaient pas fait droit à des réclamations que vous croyiez fondées. Il n'existait pas d'autre manière de procéder naturelle et logique ; vous vous êtes dispensé de la suivre, alors que vous saviez l'existence de cette enquête, que vous êtes venu vous-même prendre communication des pièces qui la composaient, et que le moment de sa clôture vous a été rappelé à l'avance par le secrétaire de la Mairie : c'est que votre désir, au lieu d'apporter sur cette importante question, comme vous en aviez le droit et le devoir, la lumière de la discussion, était, au contraire, d'agiter le plus violemment possible, après l'avoir allumé, le brandon de la discorde.

Puisque vous n'avez pas jugé à propos de déposer votre opinion dans l'enquête et que vous m'avez mis ainsi dans l'impossibilité de l'examiner au sein du Conseil municipal, je suppléerai, dans cet écrit, à ce silence forcé.

Commençons par l'examen des principes.
Ce n'est pas seulement Bordeaux, c'est Paris
lui-même que vous nous proposez pour modèles dans l'exécution de nos travaux communaux. A propos de nos voies publiques, dont
vous exigez, *pour toutes les principales,* l'élargissement jusqu'à vingt-cinq mètres (page 20),
vous citez, avec un enthousiasme bien mérité,
les boulevards de Sébastopol et de Malesherbes;
le Louvre lui-même n'est pas oublié. S'il
s'agit d'alignement, la moindre courbe vous
effraie; et vous avez prouvé, par l'exemple,
que c'est toujours au cordeau que les rues,
d'après vous, devraient être tracées.

Tout le monde ne partage pas complètement
cette manière de voir, Monsieur. On rencontre
parfois des esprits que vous appelez *mesquins,* et
j'avoue que j'ai l'inconvénient d'être de ce
nombre, qui pensent que la largeur des rues
doit être proportionnée à la grandeur de la
cité, à l'importance de la circulation, et aux

ressources destinées à en payer l'établissement.
Je crois comme vous, et j'ai cru même plutôt que
vous, à l'avenir du pays, puisque j'y ai bâti le
premier châlet plusieurs années avant que
personne ne songeât — pas même vous probablement — que vous y construiriez un château ;
mais je n'hésite pas à reconnaître que je dés-
espérerai longtemps de voir Arcachon atteindre
aux splendeurs de la capitale. Aussi mes préten-
tions sont-elles loin de s'élever à cette hauteur
inaccessible ; et lorsque je suis appelé à étudier
quelque nouveau projet, je le renferme, sage-
ment je n'en doute pas, dans des proportions
plus modestes que les vôtres.

Vous demandez sérieusement, Monsieur,
qu'on donne à toutes nos voies principales
une largeur de vingt-cinq mètres. Cela vous
est facile à dire et même à faire, — quoique
vous ne mettiez pas toujours le conseil en pratique, car votre avenue Sainte-Marie, dont
vous chantez la gloire, n'en a pas même la
moitié, — à vous qui *taillez en plein drap,*

suivant votre pittoresque expression, c'est-à-dire dans une forêt, d'une contenance s'élevant encore, après tant de ventes, à plus de SOIXANTE-DIX hectares. Tout le monde n'est pas favorisé comme vous; j'ai donc compris depuis longtemps, et je comprends bien mieux encore depuis que je vous ai lu, que vous teniez à faire doter toutes nos voies d'une largeur aussi considérable. Vous êtes le plus grand propriétaire de la commune. Depuis l'Aiguillon jusqu'à Bernet, sur une étendue de quatre mille huit cents mètres, on ne peut pas ouvrir un chemin sans vous traverser; et avec l'intention généreuse, dont personne ne doutait, mais que vous avez jugé à propos de rendre publique, *d'enrayer, par tous les moyens en votre pouvoir, le char administratif*, ce qui veut dire de faire payer au plus cher le sol nécessaire pour la confection de nos voies, il est évident que plus elles seront larges, plus forte sera l'indemnité que nous aurons à vous payer.

Quand on prend du galon, on n'en saurait trop prendre.

Mais sont-elles donc si étroites, les nouvelles voies proposées ? Le cours Sainte-Anne, la rue des Oiseaux, concédés par Mme Lafon à huit mètres, sont portés à douze; le prolongement de la route départementale aura la même largeur — dix mètres — que cette route elle-même ; et le boulevard de ceinture — *ce sentier de plus,* selon votre véridique expression — sera établi à douze mètres, deux de plus que la dimension des plus larges voies de France après les routes impériales.

Voilà pour les chemins à créer. Croyez-vous qu'il serait bien facile de porter aujourd'hui jusqu'à 25 mètres la largeur de toutes les voies principales existant actuellement ? Sans compter la valeur des maisons à démolir et l'appropriation du terrain, l'élargissement seul, dans cette proportion, du boulevard de la plage coûterait, au prix de 8 fr. le mètre, que vous appliquez sans façon au sol de vos allées de Tourny, la modique somme de 720,000 fr. A ce chiffre, ajoutez, toujours sans y comprendre

les constructions et l'appropriation, les treize
rues conduisant de la route départementale à
la plage, pour lesquelles il faudrait acquérir
21,950 mètres carrés, à 10 fr. au moins :
219,500 fr. Ce n'est pas tout. Pour doubler,
et au delà, le cours Sainte-Anne, une partie
seulement du cours Desbiey, l'avenue des Oiseaux, l'allée de la Chapelle jusqu'à la route
départementale; pour quadrupler les rues de
la Mairie, Dussaut, et deux ou trois autres, il
serait indispensable de dépenser 279,800 fr.
pour environ 55,960 mètres de terrain à 5 fr.
le mètre, valeur que vous avez donnée à votre
avenue Sainte-Marie; ce qui nous amènerait
au chiffre assez rond de 1,219,300 fr.

Pour faire face à ces charges, quelles ressources aurions-nous? Un budget ayant produit, pour les cinq années d'existence d'Arcachon, — après en avoir déduit 12,000 fr. pro-
venant d'un emprunt remboursable au moyen
d'une imposition supplémentaire et qui ne peut
pas figurer au chiffre des recettes ordinaires : —

102,916 fr. 02 c.; soit, en moyenne annuelle, 20,583 fr. 20 c. En appliquant donc exclusivement aux dépenses que vous demandez toutes les ressources communales, sans en conserver même pour acheter les registres de l'état civil, il ne faudrait pas moins de SOIXANTE ANNÉES pour les acquitter.

Et qu'on ne dise pas que je me trompe en affirmant qu'on ne manquerait point de nous faire payer, et payer fort cher, un élargissement aussi peu en rapport avec nos besoins, uniquement pris sur des emplacements morcelés, bâtis et transformés en jardins d'agrément; il est impossible d'en douter. Personne ne l'ignore, en effet : il se rencontre même parfois des gens qui, dans la prévoyance qu'un simple nivellement pourra un jour abaisser ou exhausser quelque peu des terrains encore dépourvus de constructions, rendent d'avance, et par huissier, l'administration municipale responsable de l'éboulement problématique de quelques sables.

Sans doute, — car je suis de ceux qui ne nient pas l'évidence, — il est regrettable que, lorsque certains propriétaires ont ouvert des voies destinées à leur procurer une vente plus favorable des façades qu'ils se créaient ainsi, ils n'aient pas laissé, sur quelques points, une plus grande largeur, notamment pour les chemins conduisant à la plage. Vous-même, Monsieur, dont les vues n'ont, d'après vous, rien de l'*étroit* et du *mesquin* qui caractérisent les nôtres, n'auriez-vous pas, à ce sujet, quelques peccadilles à vous reprocher? N'avez-vous pas, par hasard, consenti, — ou du moins Mme Deganne, car c'est à elle que les propriétés appartiennent, mais vous étiez présent pour l'autoriser, — un contrat de vente au sieur Jean-Baptiste Bruel, au rapport de Me Dumora, notaire à La Teste, en date du 25 novembre 1852, et dans lequel je lis : « Elle aura aussi » (la parcelle vendue) servitude de passage sur » un terrain *ou sentier* d'un mètre de largeur, » situé au nord de la route, au même lieu ap-

» partenant à la venderesse, longeant la pro-
» priété de M. Dupuch, et qui va de ladite route
» au Bassin ? »

Quand vous donnez, un mètre vous suffit ;
lorsque vous vendez, vous en exigez vingt-
cinq.

Et encore cette clause dont le style n'est pas
académique, mais qui néanmoins mérite attention : « Elle confronte du nord à la route
» susdite, du levant à la venderesse, du midi
» à la même, du couchant à un terrain de *six*
» mètres de largeur appartenant à la venderesse
» entre la parcelle vendue et la propriété Del-
» clou, et sur lequel terrain la venderesse
» s'oblige à faire ouvrir un passage de CINQ
» mètres de largeur au moins [1], et sur lequel
» passage la parcelle vendue aura droit d'entrée

---

[1] Ce passage que M. Deganne a appelé pendant un temps,
dans son langage polyglotte, *Euphrosine Street,* est devenu plus
tard l'avenue Euphrosine, portée à quinze mètres de largeur,
grâce à la Compagnie du Midi, dont les idées — à elle — sont
aussi grandioses en pratique qu'en théorie.

» et de sortie, de vues, jours et ouvertures et
» égouts de toit, sans observation de distance,
» comme si elle touchait à un chemin public,
» la venderesse voulant que ledit passage soit
» considéré comme tel relativement à la par-
» celle vendue, mais seulement *sur une pro-*
» *fondeur de quinze mètres* à partir de la
» route susdite [1], et cela quelle que soit la lar-
» geur dudit passage, étant expliqué que, s'il
» n'est ouvert qu'à un minimum de *cinq* mètres
» de largeur comme il a été dit, le terrain qui
» se trouve entre ce terrain et la parcelle ven-
» due devant être considéré comme passage
» relativement à la parcelle vendue dans cette
» profondeur de quinze mètres. »

Je ne sais pas si mes lecteurs partagent mon
enthousiasme; mais, quant à moi, je ne sau-
rais me lasser d'admirer la largeur de vos
vues quand vous interdisez à vos acquéreurs

---

[1] La parcelle était acquise sur une profondeur totale de cinquante mètres.

d'ouvrir des jours, pour la plus grande partie du terrain vendu par vous, sur les voies que vous pratiquez, et surtout cette sage pré-voyance qui vous fait conserver UN mètre sur six, pour le réserver sans doute à l'intérêt général.

Une excuse incontestable pour les divers propriétaires qui n'ont pas donné, dans le principe, à leurs rues la largeur qui serait utile aujourd'hui, c'est qu'il leur était im-possible de prévoir complètement l'avenir. Je n'ai pas, moi-même, le moindre scrupule à reconnaître que mes espérances ont été de beaucoup dépassées. Faites-m'en un crime, si vous le voulez; j'invoquerai toutefois, comme circonstances singulièrement atténuantes, que, s'il faut à un administrateur, pour être com-plètement digne de ses fonctions, qu'il soit doué du don de prophétie, on court grand risque d'en rencontrer rarement. Seriez-vous, par hasard, Monsieur, prophète vous-même? Avez-vous prévu, par exemple, que

l'ouverture de vos allées de Tourny à un
mètre seulement — toujours un mètre — des
emplacements que vous aviez déjà vendus,
vous occasionnerait avec M. Richon un procès
que vous désiriez si vivement nous repasser
l'autre jour et dont le refus a tant excité votre
colère? Que voulez-vous? il faut savoir, dans
ce monde, se pardonner réciproquement
quelques imperfections; et, pour ma part,
avant de lancer une pierre à quelqu'un, j'at-
tends patiemment que, s'il se croit sans péché,
il me jette lui-même la première.

Nous avons donc élargi les voies anciennes
dans la limite du possible; et, quand l'obstacle nous a paru insurmontable, nous nous
sommes décidés à le tourner. C'est ainsi que,
trouvant la route départementale trop étroite,
à certains moments, pour la circulation,
nous avons diminué cette circulation elle-
même en la divisant; et pour cela on a ouvert
ou agrandi plusieurs voies parallèles, qui,
aboutissant au chemin de fer, servent simul-

tanément de débouchés, les jours de trains de plaisir surtout, aux flots de population qui nous inondent périodiquement.

Je ne dirai qu'un mot des courbes qui me paraissent n'être point de votre goût, épuré par l'étude des sciences exactes. A mon avis, Arcachon ne ressemble pas et ne doit pas ressembler aux cités ordinaires. C'est plutôt une collection de *villas* réunies par le lien commun de voies de communication, qu'une ville proprement dite avec la symétrie et la régularité de rues alignées à *pleins jalons* et nivelées à *pleins voyants*. Un de ses grands charmes, c'est sa variété. Cette variété faut-il la détruire partout ? Je crois que non ; vous êtes libre de penser le contraire. Ce que je sais, c'est que je ne suis pas seul de mon avis, et que des hommes de grande valeur partagent, à ce sujet, mon opinion.

Ce que je dis là s'applique à la ville d'été ; mais si maintenant j'arrive à la partie d'Arcachon spécialement consacrée aux santés délicates, je soutiendrai, avec les médecins les plus compétents, notamment avec M. le docteur Rollet, que la ligne courbe, qui préserve des violents courants d'air, doit être toujours préférée. Voici comment s'exprime ce savant praticien dans une lettre adressée à la *Gazette des Eaux*, et qui a paru dans le numéro du 27 janvier 1859, à propos du projet de notre établissement d'hiver : « S'il m'était permis » d'émettre une opinion, je dirais qu'on devra » bien se garder, dans la construction des ha-» bitations projetées, de suivre les règles ordi-» naires d'alignement de nos villes. Des rues » droites donneraient lieu à des courants d'air » funestes aux convalescents destinés à habiter » la future ville d'hiver, alors même que cet » air ne serait pas trop froid. Les habitations » nouvelles devraient être semées comme dans » un jardin anglais, et ne communiquer entre » elles que par des lignes courbes. *Ces mêmes* » *lignes courbes devraient être adoptées pour* » *les allées à tracer dans la forêt et destinées*

» *aux promenades ;* des allées et des rues
» droites feraient perdre au futur établisse-
» ment tous les avantages que j'entrevois dans
» sa position exceptionnelle. »

Et plus loin : « Ce sont surtout les courants
» d'air qui sont funestes à la santé et qui
» amènent des rechutes chez les convales-
» cents.

» Des habitations construites dans les con-
» ditions que je viens d'indiquer offriraient
» aux malades des avantages bien supérieurs
» à ceux qu'ils vont, par habitude, chercher
» dans les villes du littoral de la Méditerranée,
» parce que ces villes ne sont pas suffisam-
» ment abritées, parce que leurs rues ressem-
» blent à toutes les rues des autres villes;
» enfin, parce que rien autour de ces villes ne
» peut ralentir la violence du mistral, ni les
» courants d'air, ni prévenir les variations
» brusques de température. »

Il est donc nécessaire que le boulevard de
ceinture, traversant uniquement la forêt, soit

préservé de ces longues lignes droites jugées dangereuses ; et néanmoins les courbes qu'il présente sont encore d'un rayon assez étendu.

Du reste, si nos projets, notamment pour le boulevard de ceinture, n'ont pas votre assentiment, la faute ne saurait en être attribuée à l'administration municipale. Je laisse parler M. l'Agent-voyer qui a étudié les projets de tous nos chemins :

« Biganos, le 10 janvier 1862.

» Monsieur le Maire,

» Les notes de M. Deganne sur le chemin de ceinture,
» que vous venez de me communiquer, m'obligent à vous
» retracer l'historique de ce chemin dans mes rapports avec
» M. Deganne, afin de rectifier quelques erreurs de mé-
» moire de l'auteur.

» Lorsque vous m'avez donné la mission d'étudier le
» chemin de ceinture, du passage à niveau à la pointe de
» l'Aiguillon, vous m'avez observé que, ce chemin traver-
» sant les propriétés de M. Deganne, j'eusse à m'entendre
» avec lui pour présenter un projet qui eût son assenti-
» ment. *Je n'eus pas d'autre instruction.* Je me rendis au-

» près de M. Deganne et le priai de me donner son avis sur
» ce projet. — Présentez-moi le plan, et je l'approuverai s'il
» me convient, — fut la réponse que j'obtins. Une seconde
» tentative fut plus favorable. M. Deganne voulut bien se
» rendre sur les lieux avec moi, et les parcourir du pas-
» sage à niveau à la route départementale, en m'indi-
» quant les points de passage du chemin projeté et les
» limites de ses propriétés. Le projet conçu par lui, à cette
» époque, se résumait ainsi : Suivre le chemin tracé depuis
» le passage à niveau jusques à environ cent mètres au
» midi de la cabane Eymeric ; de ce point arriver en ligne
» droite au travers de sa propriété, sur la route départe-
» mentale, à l'entrée de l'allée conduisant à la pointe de
» l'Aiguillon. Au retour, M. Deganne me fit traverser en
» ligne droite les dunes qui séparent la cabane Eymeric du
» passage à niveau, et me fit observer les grandes dif-
» ficultés qu'il y aurait à surmonter pour la construction
» d'un chemin dans cette partie de la forêt. Son avis était
» qu'il n'y fallait pas songer. Le projet proposé par lui,
» qui, à partir du passage à niveau, parcourt sa propriété
» sur une longueur de trois cent trente mètres et se con-
» tinue dans la propriété Bourdaud et Ribert jusqu'à la
» cabane Eymeric sur une longueur de cinq cents mètres,
» n'a jamais varié du passage à la cabane.

» — Puisque vous indiquez le projet, dis-je à M. Deganne,
» vous en permettrez l'exécution dans votre propriété. —
» Faites le plan, dit-il, et je verrai. Le plan fait, je le lui com-
» muniquai, et nous échangeâmes ces paroles : — Acceptez-

» vous ce projet? — Cela dépend de celui qui me le présen-
» tera.

» Je demanderai à M. Deganne pourquoi il a refusé
» un tracé indiqué par lui, et pourquoi actuellement il en
» présente un qu'il jugeait impraticable alors.

» M. Deganne m'a également fixé dans sa propriété les
» points de passage du chemin du cimetière. Je lui deman-
» derai pourquoi, lorsqu'il s'est agi d'exécuter, il a refusé
» le projet indiqué par lui. Il est vrai qu'il me donna les
» mêmes raisons que pour le chemin de ceinture.

» Le premier projet du chemin de ceinture, celui qui me
» fut indiqué par M. Deganne, celui qui arrive au point
» désigné par M. Deganne dans ses notes, celui dont
» M. Deganne ne parle pas, n'a été abandonné depuis la
» cabane Eymeric jusqu'à la route départementale que
» parce que M. Deganne a fait opposition à ce projet qui
» était le sien. Pourquoi, mis en demeure par moi de
» m'indiquer le projet le plus convenable, ne m'indi-
» quait-il pas celui qu'il présente aujourd'hui? C'est, il me
» l'a dit lui-même, parce que ce projet présente des diffi-
» cultés telles qu'il ne faut pas y songer. Pourquoi a-t-il
» repoussé celui qu'il présentait alors? Je laisse à d'autres
» plus éloquents que moi le soin de dévoiler ces pourquoi,
» et de qualifier sa conduite.

» Je suis, etc., etc.

» *L'Agent-voyer cantonal,*

» Signé : Expert. »

A cette lettre si précise, je n'ajouterai que deux renseignements. C'est M. Nath. Johnston qui a été chargé par le Conseil municipal de s'entretenir avec vous de nos projets et de solliciter votre concours. Il vous a vu deux fois dans ce but, et a complètement échoué.

Désolé de ce refus, M. le Curé d'Arcachon, pour lequel vos relations n'ont pas été toujours aussi agréables qu'au moment où vous écriviez votre brochure, eut, en outre, la bonté de vous parler. Il obtint le même résultat. Seulement, avec lui, vous fûtes plus expansif. En faisant, notamment, allusion au prolongement de la route départementale, vous lui dîtes : « Je ne suis pas assez fou pour donner un bâton » pour me faire battre. Mon avenue Sainte-Marie » est seule pavée. Tant que je n'ai pas fini de » vendre les emplacements que j'y possède, » pourquoi, en facilitant ces projets, donne- » rais-je aux propriétés plus éloignées, et à mon » détriment, une valeur qu'elles n'ont pas en- » core ? » Telle est presque textuellement la ré-

ponse que M. le Curé d'Arcachon a reçue de
vous ; on ne saurait en douter, car il l'affirme.
Au point de vue exclusif de votre avantage
privé, il est possible que cet argument ait
quelque portée ; mais, alors, de quel droit
venez-vous aujourd'hui célébrer, en termes
pompeux, votre désintéressement et votre dévouement à l'intérêt général ?

Pour en revenir à ce chemin de ceinture, qui
occupe près de la moitié de votre brochure,
quel grave reproche lui adressez-vous donc?
D'être *un sentier de plus*, — nous avons vu
qu'il doit avoir 12 mètres de largeur, — et de
ne pas assez favoriser les quartiers du Mouëng
et de l'Aiguillon. Mais ces quartiers, qui ont
des représentants aussi dévoués qu'intelligents,
se plaignent-ils? Pas le moins du monde. Ils
auraient préféré, peut-être, que le débouché
de ce chemin s'opérât sur la route départementale, 70 mètres plus au *sud* que le projet actuel,
en face d'un passage ouvert, toujours chez vous,
pour aller à l'Aiguillon. Je partageais cette

opinion, contrairement à votre affirmation,
Monsieur, — les registres du Conseil en font
foi, — car, *sur ma proposition*, malgré un
avis différent de notre commission des routes,
une première délibération l'avait ainsi décidé.
Cette combinaison, qui paraissait concilier
tous les intérêts, qui l'a fait échouer? Vous
seul, vous êtes forcé d'en convenir.

Après votre refus, les habitants du quartier
du Mouëng ont vite compris que les avantages
de cette coïncidence du débouché du chemin
de ceinture avec l'entrée de votre passage
n'étaient pas absolument perdus. En effet, ce
passage est à vous. En vertu de votre principe
de ne rien céder volontairement, lorsque le
moment sera venu de prolonger le chemin
projeté jusqu'à l'Aiguillon, on vous expro-
priera tout aussi bien en face du débouché
actuel qu'au-devant de l'arrivée primitive; et
ce chemin, comme son nom l'indique, en se
reliant avec l'avenue Saint-Honoré et le boulevard de la Plage, enceindra la commune pres-

que entière. **Aussi,** ces honorables habitants
n'ont fait **aucune** opposition aux projets de
l'Administration, qui ont rencontré, au contraire, les plus grandes sympathies.

En présence de cette adhésion générale,
qu'ai-je à dire encore de votre contre-projet,
surtout après les explications si nettes de
M. l'Agent-voyer cantonal? un seul mot, mais
assez significatif : c'est qu'il fait passer le
chemin de ceinture uniquement dans vos propriétés.

Ce chemin de ceinture ne vous paraît pas
suffisant pour donner au quartier *est* d'Arcachon une viabilité complète. Je suis de votre
avis ; il faut encore la continuation, jusqu'à
la chapelle Saint-Ferdinand, de l'avenue latérale à la gare. Seulement, on ne peut pas tout
faire à la fois. Mais cette nouvelle voie, ce
n'est point vous qui en avez découvert, le premier, l'utilité ; à moins que, dans cette circonstance, comme pour votre fameux tunnel
en face de Royan, vous ne soyez assez mal-

heureux pour avoir rencontré un contrefac-
teur. Dans la séance du Conseil municipal du
1ᵉʳ avril dernier, qui a précédé de neuf mois
la publication de votre brochure, M. Célérier
a proposé l'ouverture et l'empierrement immédiat de cette voie. J'en ai, comme lui, re-
connu la nécessité, mais j'ai exprimé le regret
que l'état de nos ressources, engagées pendant
six ans pour l'exécution des chemins propo-
sés par la Commission, ne nous permît pas
de donner à ce désir une satisfaction aussi
prompte. Grâce à la générosité des propriétaires du quartier, le bienfait de cette avenue
ne sera pas aussi retardé que nous l'avions
redouté. Dans la séance du Conseil municipal
du 5 de ce mois, M. Célérier nous a an-
noncé que tous les propriétaires traversés vont
prendre l'engagement écrit :

1° De donner gratuitement les terrains leur
appartenant, pour l'ouverture de cette voie ;

2° De rembourser à la commune le montant
de l'indemnité qui pourra vous être allouée par

le jury d'expropriation pour son passage sur vos propriétés;

3° D'avancer les fonds nécessaires pour sa confection, remboursables dans sept ans, sans intérêts.

Entre ce concours et le vôtre, mes lecteurs auront bientôt prononcé.

Je m'occuperai uniquement du prolongement de la route départémentale, pour constater qu'il a nécessairement votre approbation absolue; car vous n'en parlez que pour en réclamer la prompte exécution. Rassurez-vous : vos vœux ne tarderont pas à être comblés.

J'en ai fini, Dieu merci, avec vos projets. Abordons maintenant les griefs que vous nous imputez : je n'en passerai aucun sous silence, soyez-en sûr. D'après vous, les actes de mon administration se réduisent à *sept*, depuis dix ans qu'elle existe :

Abatage des arbres de l'avenue de la Chapelle;

Construction de la Mairie;

Établissement des fontaines ;

Empierrement des rues conduisant au bassin ;

Emploi d'un agent de la Mairie au transport de mes dépêches ;

Subvention au *Journal d'Arcachon ;*

Enfin, refus d'accepter la donation de vos routes.

Pour suivre constamment l'ordre que vous avez choisi, j'examinerai en premier lieu ce dernier reproche.

I

REFUS D'ACCEPTER LA DONATION DE VOS ROUTES.

I

Refus d'accepter la donation de vos routes.

Voilà donc le grand cheval de bataille que
vous enfourchez vaillamment pour combattre,
surtout avec l'arme de l'ironie, le Conseil municipal. Donnons d'abord la composition de
ce Conseil pour les étrangers qui l'ignorent. Il
ne compte que dix membres, bien que le recen-
sement opéré cette année nous donne droit à
deux de plus, par suite de l'augmentation de la
population, qui a doublé en cinq ans. Ces dix
membres sont : MM. Nath. Johnston, membre
de la Chambre de commerce de Bordeaux, administrateur des chemins de fer du Midi, et
ancien conseiller général de la Gironde; Célérier aîné, Frédéric Gièse, Hernozant, Félix

Calvé, négociants ; Fonteneau, courtier ; et
J.-B. Durand, ex-avoué, demeurant tous les
sept à Bordeaux; Oscar Dejean, ancien maire
de La Teste, juge de paix à Pessac; Fillioux,
pharmacien de 1ʳᵉ classe, et Thomas Lussan,
adjoint à Arcachon. Il est assurément difficile,
pour ne pas dire impossible, de former, même
dans le sein d'une grande ville, un Conseil
municipal qui présente des garanties plus sérieuses d'indépendance, de capacité, de pratique des affaires, et de dévouement pour l'ac-
complissement de son mandat. C'est ce Conseil
que vous traitez aujourd'hui si cavalièrement,
sur le compte duquel vous avez déjà écrit, le
24 mai 1860, dans le procès-verbal d'enquête
ouvert à la Mairie pour le classement des chemins vicinaux, et après nous avoir appelés,
en soulignant vous-même vos expressions pour
les rendre plus aimables, *des incapacités aussi*
notoires, la phrase suivante : « En parlant
» d'incapacité, je ne prétends pas dire que les
» quatre ou cinq négociants de Bordeaux qui

» font partie du Conseil municipal d'Arcachon
» ne soient pas et très-capables, et très-intelli-
» gents, et très-honorables. Je connais et j'ap-
» précie au contraire leur mérite, mais leurs
» efforts sont sans doute *impuissants.* »

Voilà donc le Conseil municipal, divisé par vous en deux catégories à peu près égales : les incapables et les impuissants. C'est ce Conseil qui a été votre juge; examinons si, dans la décision qui vous concerne, il a fait preuve de tant d'incapacité.

Citons, comme vous, votre proposition, afin de mettre sous les yeux du public la princi-pale pièce du procès :

« Arcachon, 10 novembre 1861.

» *A Messieurs les Membres du Conseil municipal de la commune d'Arcachon.*

» Messieurs,

» J'ai l'honneur de vous adresser les propositions sui-vantes :

» 1° De céder gratuitement à la commune le terrain de

» l'avenue Sainte-Marie, à la condition de rembourser les
» dépenses des travaux de terrassement et d'empierrement,
» d'après une estimation faite par les agents de la Com-
» pagnie du Midi ; ce remboursement pourrait être effectué
» par annuités ;

» 2º De céder gratuitement à la commune le terrain de
» l'avenue de Saint-Arnaud, depuis l'angle sud-est de la
» propriété de Mme de Tartas, jusqu'à la propriété Marichon-
» Méran. Cette avenue serait empierrée sur six mètres de
» largeur, bien qu'elle ait vingt mètres. Le sol étant na-
» turellement nivelé, les terrassements seront insignifiants ;

» 3º De céder gratuitement l'emplacement occupé par les
» allées de Tourny, depuis l'avenue du château jusqu'à
» l'avenue Euphrosine. En ce moment les travaux coûtent
» 44,000 fr.; la dune de quinze mètres de hauteur, ayant
» été prise en diagonale, donne un cube, en chiffres ronds,
» de soixante mille mètres. Je ne demande rien pour ces tra-
» vaux ; la commune se chargera seulement du procès de
» la dune Richon, procès que j'ai soutenu et qui aurait dû
» l'être par la commune, puisqu'il roule sur un terrain qui
» était destiné à être tôt ou tard livré au public.

» Il résulte de ces diverses propositions, que nous don-
» nerions, Mme Deganne et moi, à la commune :

» 1º Avenue Sainte-Marie, quatre cents mètres de lon-
» gueur sur douze mètres de largeur. soit quatre mille huit

» cents mètres carrés, à 5 fr. *(On vend 7 fr. à droite et*
» *3 fr. à gauche.)* (1)...........................F.   24,000

» 2° Avenue Saint-Arnaud, trois cent soixante-
» dix mètres de longueur sur vingt mètres de
» largeur, soit sept mille quatre cents mètres
» carrés, à 2 fr. 50.............................   18,000

» 3° Allées de Tourny, deux cent soixante-dix
» mètres de longueur sur vingt-cinq mètres de
» largeur,' soit six mille sept cent cinquante mè-
» tres carrés, à 8 fr.............................   54,000

» 4° Terrassement des allées de Tourny suivant
» la nouvelle direction qui évite la dune de Richon.   44,000
                                          _____
                » Ensemble.........F. 140,500
                                          ════════════

» Ces trois avenues étant très-larges et parfaitement
» tracées, la commune est assurée de n'avoir jamais rien
» à payer pour redressement ou élargissement de ces voies.
» Si le Conseil municipal veut bien désigner un ou plusieurs
» de ses membres pour s'occuper des détails, je suis prêt à
» les entendre; mais si le Conseil ne prend pas de décision

(1) La phrase incidente en italiques existe sur l'original que nous avons
reçu. Vous l'avez supprimée dans votre mémoire. Ne tiendriez-vous pas
par hasard à ce que tout le monde connût le prix réel qu'on vend les
emplacements sur cette voie?

» pendant la session qui va s'ouvrir, mes propositions
» seront nulles.

» Veuillez agréer, Messieurs, l'expression de ma par-
» faite considération.

» A. Deganne. »

Je prie mes lecteurs de remarquer que cette
lettre est datée du 10 novembre, jour même
de la réunion du Conseil pour sa quatrième
session ordinaire de l'année. Cette lettre, Monsieur, il faut que vous ayez un grand intérêt à
ce qu'elle parvienne exactement, et sans le
moindre retard, à son adresse, car vous la
portez en personne, au risque d'être asphyxié,
— ce que vous redoutez tant, — en traversant
l'emplacement du marché établi au-dessous
de la Mairie, et vous la remettez au Conseil au
moment précis où il entre en séance. On en
donne lecture ; et, sur l'avis fortement motivé
de l'honorable M. Johnston, les propositions
qu'elle contient sont rejetées à l'UNANIMITÉ,
comme étant trop onéreuses pour la commune,

après une sérieuse discussion, de laquelle j'extrais les arguments suivants :

L'ouverture des voies nouvelles est réglementée dans presque toutes les villes importantes ; partout où elle l'est, les propriétaires sont notamment tenus de les niveler, de les paver, de les éclairer, en un mot, de les approprier à leurs frais pour l'usage auquel elles sont destinées, au triple point de vue de la viabilité, de la salubrité et de la sûreté publiques. Il est évident, en effet, que c'est uniquement dans leur intérêt particulier, et pour se ménager de plus nombreuses façades, que ces propriétaires font ainsi le sacrifice intelligent et très-lucratif d'une partie de leurs immeubles. Lorsque l'appropriation en est complète, c'est encore une grande faveur que d'obtenir, de la part de l'Administration, l'acceptation du don gratuit de ces voies ; car il en résulte nécessairement, pour elle, une aggravation de charges amenées par un entretien plus considérable.

A Arcachon, rien n'a été encore décidé à cet
égard. En l'absence de tout arrêté, les propriétaires qui jugent à propos d'ouvrir des
voies nouvelles agissent à leurs risques et
périls.

A qui voulez-vous faire croire, Monsieur,
que, lorsque vous avez pratiqué des avenues
loin de tout centre de population, et en pleine
forêt, vous n'aviez pour mobile que l'intérêt
général? Vous auriez raison de nous accuser
d'incapacité, si vous pouviez supposer que
nous en avons eu un instant la pensée. Vous
avez tellement opéré ce travail dans un but
exclusif de spéculation, que, notamment pour
votre allée Sainte-Marie, dans la crainte
qu'il vînt à la pensée de quiconque aurait
voulu acheter un emplacement à son extrémité
ouest, que cette voie pourrait lui devenir utile,
vous y aviez placé un écriteau portant : « Il
» est interdit aux acquéreurs de M. Méran de
» passer sur cette avenue. » Cet écriteau y serait encore, si, par acte extrajudiciaire, en

date du 12 mai 1855, cet honorable propriétaire ne vous avait pas fait sommation de faire
disparaître son nom d'une si étrange affiche.

Ces voies, ouvertes uniquement dans votre
intérêt, si vous les aviez offertes complètement
terminées, — mais vous commencez tout et
n'achevez rien, ainsi que je le prouverai lorsque
j'examinerai vos œuvres, que vous citez comme
des modèles, — le Conseil vous aurait rendu
encore un très-grand service en les acceptant
sans d'autres conditions que l'engagement mo-
ral de les entretenir. Mais il n'en est pas ainsi,
quoique vous ayez avancé et écrit plusieurs
fois, en majuscules, que votre don était GRA-
TUIT ; vous l'aviez subordonné, au contraire :
au remboursement des frais de nivellement et
d'empierrement de l'allée Sainte-Marie ; à l'engagement de niveler et paver en outre sur une
largeur de six mètres — lorsque vous payez de
votre argent, quatre mètres et même trois vous
suffisent, — l'avenue Saint-Arnaud, un vaste
désert encore ; et surtout à l'obligation de nous

charger *seulement,*—le mot est joli ! — « du pro-
» cès de la dune du sieur Richon, procès que
» vous avez soutenu, et qui, dites-vous, aurait
» dû l'être par la commune, puisqu'il roule
» sur un terrain destiné à être tôt ou tard livré
» au public. »

Vous faites bien de dire que ce terrain était
destiné à être *tôt ou tard* livré au public ; il
paraît que ce sera plutôt *tard* que *tôt,* car
vous avez déjà jugé nécessaire de changer le
tracé de vos allées de Tourny, et ce changement vous le faites figurer parmi le total de
140,500 fr. de générosités que vous octroyiez
si libéralement à la commune.

Ah ! nous devions, Monsieur, nous charger
de ce procès ! Je serais bien curieux de voir la
façon dont nous aurions été accueillis, si, sous
prétexte que ce procès roulait sur un terrain
destiné à être *tôt ou tard* livré au public, il
nous eût pris fantaisie de faire, sur vos terres,
un acte quelconque de propriété !

Mais il y avait encore une condition à votre

concession GRATUITE : c'était de prendre une décision *pendant la session qui allait s'ouvrir ;* sans cela, *vos propositions devenaient nulles.*

Pourquoi donc étiez-vous si pressé? Comment! voilà plusieurs années que vous travaillez à ces voies grandioses, et jamais il ne vous avait passé par la tête de nous en faire hommage ; lorsque tout à coup vous prenez la plume, vous tracez vos conditions, et pour les soumettre vous choisissez le moment où nous sommes réunis pour une session qui n'a jamais, vous le savez bien, duré plus d'une séance ; et là, l'appât d'une donation sur la gorge, vous nous sommez d'accepter, et d'accepter de suite. Vous aviez vos vues sans doute pour ne pas expliquer au Conseil les motifs de cette prompte décision. Ces motifs, puisque vous avez jugé habile de les passer sous silence, je vais vous les dire : Au 10 novembre, date de votre proposition, le procès Richon, malgré sa longue durée, n'était pas encore terminé ; mais vous

attendiez de jour en jour le second arrêt de la
Cour qui allait lui donner une solution. Le
8 décembre 1860, un commandement vous
avait été notifié pour acquitter les 1,360 fr.,
montant des 20 fr. par jour de retard auxquels
vous étiez condamné pour l'inexécution des
travaux de soutènement prescrits contre vous
par la justice. Vous n'y aviez pas obtempéré.
Depuis cette époque, les 20 fr. par jour ne ces-
saient pas de courir; et, au 10 novembre, date
de vos propositions, la somme due par vous à
M. Richon s'élevait à 8,000 fr., plus les frais
de deux jugements, deux expertises, deux
contre-expertises et un arrêt de la Cour. Il est
facile dès lors de comprendre que vous n'eus-
siez pas été fâché de vous décharger, sur le
dos de la commune, d'un fardeau qui pouvait
vous gêner. Voilà donc ce don GRATUIT que
vous vouliez nous faire! Heureusement que le
Conseil municipal, appréciant le danger du
piége aux efforts que vous tentiez pour le dé-
guiser, a rejeté, comme il le méritait, un ca-

deau aussi désintéressé. Mais eût-il succombé à
la tentation, que vous aviez eu la précaution
de rendre le plus attrayante possible, la rati-
fication de cette acceptation par l'Autorité supérieure aurait été encore indispensable; et il
faut ne pas connaître le premier mot de la ju-
risprudence administrative, pour ignorer que
les communes mineures ne sont jamais auto-
risées à acheter un procès.

Il n'est pas inutile d'examiner en quels
termes vous essayez de justifier votre condition
de prendre à notre charge ce procès de la dune
Richon. « Il est vrai encore qu'afin d'éteindre
» un procès occasionné par la percée des allées
» de Tourny, on vous demandait de faire
» votre affaire de ce procès, qui certainement
» se fût éteint le jour où la personne contre
» laquelle il était dirigé y aurait paru désinté-
» ressée. »

Il n'y a que vous qui le dîtes. Si ce procès
eût dû s'éteindre le jour où vous y auriez
paru désintéressé, c'est qu'évidemment on

vous l'aurait intenté méchamment ; s'il en
était ainsi, comment donc la justice se serait-
elle si largement associée à cette méchanceté ?
Si, au contraire, il y avait eu dommage réel
occasionné par votre fait — et cette longue pro-
cédure ne l'a que trop démontré, — pourquoi
voulez-vous que le propriétaire ajoute à ce
dommage éprouvé, parce qu'il vous aurait
plu de le passer à notre ordre et à nous d'accepter cet endossement, les frais considérables
dépensés pour en obtenir réparation ?

Cessez donc de faire retentir les airs de ces
cris de douleur que vous arrache la décision
du Conseil. Ils sont la preuve la plus évidente
que, par son refus, vos avantages personnels
ont été plus lésés que les intérêts généraux
dont la confiance publique l'a constitué le vigi-
lant défenseur.

II

ABATAGE DES ARBRES DE LA CHAPELLE.

II

Abatage des arbres de la chapelle.

Un matin, — c'était dans les premiers jours
de 1852, — une nouvelle aussi inattendue qu'af-
fligeante vint frapper de surprise et de douleur
la population d'Arcachon et bientôt après la
contrée tout entière. Les magnifiques chênes
de l'allée conduisant du bassin à la vieille chapelle, et qui l'entouraient d'une verdoyante
couronne, avaient été tous abattus dans une
seule nuit. Cette fatale destruction ne fut pas
seulement considérée comme un acte de van-
dalisme; on la prit, en outre, pour un sacri-
lége, car elle apparaissait à tous comme une
insulte à notre pèlerinage quatre fois séculaire;
et, dans le pays, ceux qui en ont assumé sur

eux la responsabilité, sont encore, depuis dix
ans, l'objet, je ne dirai pas de la réprobation,
mais de l'exécration universelle. Cette responsabilité, vous avez eu, Monsieur, le triste cou-
rage de la faire peser sur mon administration.
Et qu'on ne s'imagine pas que c'est sur la foi de
renseignements erronés, trop légèrement accueillis par vous, que vous avez donné le jour
à une si odieuse calomnie. Vous étiez sur les
lieux lorsque s'accomplissait le fait dont vous
m'accusez aujourd'hui. Vous ne pouviez donc
pas ignorer que, moi, je n'y étais pas. Je de-
meurais alors dans le Lot-et-Garonne, où j'oc-
cupais les mêmes fonctions de maire et de conseiller général que j'exerce actuellement dans la
Gironde ; ce n'est que six mois plus tard, le
13 août de la même année, que j'ai pris possession de la municipalité de La Teste, d'où
dépendait alors Arcachon.

Vous avez fait bien plus encore. Vous avez
été prévenu, avant la distribution de votre
pamphlet, par M. Dasté, que vous qualifiez

ironiquement, et de votre écriture, de *directeur général de l'octroi* en le favorisant de l'envoi de votre factum, que j'avais connaissance de votre malveillante invention. Qui le croirait? vous la laissez néanmoins subsister, prouvant ainsi aux plus incrédules que, lorsque vous m'honorez de vos attaques, vous ne reculez même pas devant la diffamation la plus manifeste, dans le seul but et l'unique plaisir d'assouvir votre haine et d'épancher librement le fiel qui vous dévore.

Vous avez donc écrit et maintenu (pages 22 et 23) les lignes suivantes : « Qu'a-t-elle fait » cette administration dont les coryphées exal- » tent tant le mérite?

» Elle a commencé par laisser détruire » — ce qui, dans votre pensée, veut dire conseiller ou prescrire — « la magnifique avenue de » chênes séculaires qui conduisait de la plage » du bassin à l'ancienne chapelle. Cette avenue » était-elle donc trop large? les arbres qui la » décoraient étaient-ils donc trop beaux? Ces

» arbres on les a laissé abattre, et l'avenue a
» été réduite aux minces proportions d'une
» rue. »

Autant *d'inexactitudes* que de mots. On vient
de voir que, s'il y a un coupable d'avoir *laissé*
abattre ces chênes, le coupable ce n'est pas
moi. Je prie mes lecteurs de croire que, si je
repousse avec tant d'indignation une diffamation aussi incontestable, ce n'est que pour l'intention malveillante qui l'a inspirée, et nullement dans le but d'en renvoyer la responsabilité à mon prédécesseur, mon honorable et
regretté ami M. Bestaven, dont la perte pré-
maturée fut, dans nos contrées, un véritable
deuil public. Vous le savez mieux que personne, Monsieur : ceux qui ont abattu ces
arbres se sont abrités derrière un prétendu
droit d'usage qui n'existe plus aujourd'hui,
grâce précisément à cette administration qui a
si fort encouru votre colère. Ils se sont cachés
lâchement dans l'ombre, comme des malfai-
teurs; et ni M. Bestaven, ni d'autres, ne pou-

vaient empêcher un malheur aussi imprévu que promptement exécuté. Mais, profondément découragé, M. Bestaven ne voulut pas conserver longtemps des fonctions dont les charmes sont quelquefois par trop compensés ; il donna sa démission, et, bientôt après, je fus appelé à lui succéder.

Ces arbres qu'elle n'a pas *laissé* abattre, mon administration les a fait remplacer ; et quoi que vous en disiez, l'avenue de la Chapelle *n'a pas été réduite aux minces proportions d'une rue* ; avant comme après ce pénible abatage, elle a conservé sa largeur de dix mètres que ses donateurs lui avaient depuis longtemps consacrée.

Me voilà donc, de par vous, transformé en destructeur de chênes séculaires. Moi le destructeur des arbres, Monsieur ! Comment la main ne vous a-t-elle pas tremblé quand vous avez écrit une aussi flagrante calomnie ! Moi le destructeur des arbres ! Vous savez bien que j'en suis, au contraire, un des plus ardents défenseurs. Vous ne pouvez pas, en effet, avoir oublié qu'au mois de février 1854, un jeune invalide, retraité à vingt-quatre ans pour blessures graves reçues au champ d'honneur, avait été arrêté comme prévenu d'avoir coupé du bois dans la partie de votre forêt non sujette aux droits d'usage. Cet homme est relaxé; mais à peine rentré chez lui, sa vieille mère a juré de le venger. Ils s'arment chacun d'une hache et se dirigent vers vos propriétés, cette fois usagères; et pour que l'exercice de ce qu'ils appellent leur droit vous soit plus sensible, c'est autour de votre maison d'habitation qu'ils vont exercer leurs ravages. Pendant trois jours consécutifs rien ne leur résiste; et les jeunes arbres que vous éleviez avec une sollicitude bien naturelle ne sont pas plus épargnés que les vieux. Impuissant à arrêter un semblable désordre, vous vous rendez chez moi; mais j'étais absent; vous vous adressez, par écrit, à mes adjoints, au juge de paix et au commissaire de police d'alors, ainsi qu'à

la gendarmerie. Un de mes adjoints seul vous
répond : « Votre propriété est soumise aux
» droits d'usage; et si les droits qu'on exerce
» sont dépassés, c'est devant les tribunaux que
» vous devez porter votre action. » Je rentre,
enfin, le troisième jour. Vous n'avez pas plus
tôt appris mon arrivée, que vous accourez
chez moi ; vous m'exposez les démarches que
vous avez inutilement tentées, et réclamez mon
intervention. Je vous suis avant de me prononcer. Parvenu sur les lieux où les faits s'ac-
complissent, j'avoue que la vue de ce spectacle
m'impressionna. Partout, le sol était jonché
de débris sur lesquels la mère et le fils se
posaient, devant vous, fièrement en vain-
queurs. Vous n'étiez pas mon ami, Monsieur,
et cependant je compatis à vos regrets. Au-
dessus de vous, du reste, planait encore pour
moi un principe. Contrairement à l'avis de
mes honorables collaborateurs et des autres
autorités du canton, je crus que le droit,
exercé de cette manière, n'était plus un droit,

et que l'avenir d'Arcachon serait vite compromis, s'il était permis de ravager ainsi la
presque totalité de son sol. J'expulsai aussitôt de chez vous et la mère et le fils, et je
fus assez heureux pour vous conserver le peu
d'arbres qui sont encore debout. Mon intervention ne se borna pas là. L'opinion publique
s'était émue à propos de ce droit plus ou
moins bien interprété. Je compris que, s'il fallait une répression, un exemple aussi était devenu nécessaire. J'instruisis de ces faits M. le
Procureur impérial, et lui demandai l'autorisation de faire arrêter les coupables. Je l'obtins,
et le lendemain — un dimanche — je me
rendis à La Teste, et, à la sortie de la grand'-
messe, je les fis saisir publiquement par la
gendarmerie et conduire à Bordeaux. L'affaire
s'instruisit ; ils furent poursuivis. Le jour de
l'audience, j'amenai avec moi les principaux
propriétaires d'Arcachon, et nous donnâmes,
par notre présence, la preuve que la question
qui allait se trancher s'élevait à la hauteur

d'un véritable intérêt général. Les coupables furent condamnés, et fortement condamnés.

Je vous avais, je crois, rendu un service, Monsieur. A ce service il fallait une récompense ; vous ne la faites pas longtemps attendre. Sept mois après, le 25 août de la même année, presque jour par jour, vous prenez une feuille de papier timbré de 35 centimes, vous aiguisez votre plume de la façon la plus acérée, et vous formulez injustement contre moi, à propos de la permission accordée à un pêcheur, par l'Autorité supérieure, d'établir une cabane sur l'esplanade du débarcadère, — trop près de votre château dont elle déparait l'élégance, — une dénonciation sur laquelle M. Alphan, ingénieur des ponts et chaussées, et M. Droëling, ingénieur en chef du département, s'expriment en ces termes dans leur rapport à M. le Préfet des 20 et 25 novembre 1854 : « M. Deganne, propriétaire » à Arcachon, a adressé, le 25 août dernier, » une réclamation à M. le Sous-Préfet de Bor-

» deaux, qui n'est au fond *qu'une* ATTAQUE
» PERSONNELLE *contre M. le Maire de La Teste,*
» etc. » Et le même jour, 25 novembre, M. le
Préfet, sur l'avis conforme de MM. les Ingénieurs, en prononce le rejet.

Merci, Monsieur.

III

CONSTRUCTION DE LA MAIRIE.

III

Construction de la Mairie.

La construction de la Mairie excite votre verve satirique. Vous en critiquez tout à la fois la position, les proportions et la disposition. En avez-vous complètement le droit? C'est ce que nous allons voir.

Rayez d'abord de vos papiers la position. Nous n'avions pas, en effet, l'embarras du choix. Sur l'invitation donnée par le Conseil municipal dans une de ses premières séances, j'avais eu l'honneur d'écrire, le 2 octobre 1857, peu de temps après l'érection d'Arcachon en commune, à Mme Lafon, à la compagnie Calvé et Richon, et à vous-même, Monsieur, pour demander à ces propriétaires, dont les im-

meubles sont au centre du pays, en quel en-
droit et à quelles conditions ils consentiraient
à céder — remarquez que je ne disais pas *gratuitement;* et en n'introduisant pas cet adverbe
significatif, je confesse que je pensais à vous —
le terrain nécessaire pour construire une mairie
et une maison d'école. MM. Calvé et Richon
nous firent savoir que les emplacements pos-
sédés par eux ne leur paraissaient pas convenables pour cette destination ; vous ne daignâtes
pas répondre — vos terrains n'avaient pas alors
acquis assez de valeur sans doute, — et cependant vous n'aviez pas vu encore le nouveau
Conseil municipal à l'œuvre, et il vous était
difficile d'apprécier la largeur de ses vues.
Mme Lafon seule adressa, le 4 novembre suivant, une proposition satisfaisante confirmée
plus tard par acte au rapport de Me Grange-
neuve, notaire à Bordeaux, en date du 29
mars 1858, par lequel elle fit donation à la
commune d'un emplacement de 16 mètres de
façade et 30 de profondeur, situé sur l'unique

place existant alors, de 30 mètres de largeur
sur 65 de longueur, ouverte et donnée également par elle, pour y bâtir la Mairie et y placer un marché. Elle n'imposa à cette donation
pour la Mairie d'autres conditions que celle,
bien naturelle, d'y établir le monument pour
lequel on lui avait demandé le terrain, et d'en
rendre l'accès facile par le macadamisage d'un
chemin. Elle ajouta à sa libéralité le don gratuit d'un emplacement pour l'école, de 450
mètres de superficie, et plus d'un hectare de
voies qu'elle avait tracées chez elle.

Si donc la Mairie n'était pas bien située —
et fort heureusement il était impossible de lui
assigner un lieu plus convenable, — c'est à
vous, Monsieur, et non à nous, que le reproche devrait en être adressé.

La donation de Mme Lafon nous fut d'autant
plus agréable, qu'elle avait singulièrement le
mérite de l'à-propos. Tous les édifices publics
étaient à construire ; et, pour toute fortune,
la commune ne possédait alors que 4,500 fr.

de dettes à rembourser à celle de La Teste comme condition de notre séparation ; elle n'avait pas même un centiare de terrain.

Je ne suis pas surpris que la position de la Mairie, qui ne vous déplaisait point dans le principe, puisque vous n'en proposiez pas d'autre, n'ait pas conservé de votre part les mêmes sympathies. La donation de Mme Lafon était aussi intelligente que généreuse. Autour de cette Mairie et de ce marché sont venues se grouper de très-nombreuses habitations ; il s'y est formé un quartier important que vous appelez, avec tant d'atticisme, *le ventre de M. le Maire*. J'avoue que je suis heureux d'avoir secondé le développement de ce quartier.

Son *obésité* est loin de me déplaire, et je reconnais que je la vois avec plaisir se développer encore par l'adjonction de la ville d'hiver, qui est due probablement aussi, comme tant d'autres œuvres grandioses, à votre intelligente initiative et à vos persévérants efforts.

Les terrains environnants ont acquis une très-grande valeur. Je ne suis donc pas surpris qu'en proposant, comme vous le faites, la vente et le changement de position de *cet édifice à deux fins*, vous éprouviez le besoin de le voir transporter.... un peu plus loin de chez vous.

Les proportions vous en paraissent ridicules. Je le comprends. Quand on a une fois couché sous les girouettes d'un château, tout doit sembler petit et mesquin.

Quant à nous, lorsque nous rapprochons cette Mairie de nos besoins, que nous la comparons à celles de beaucoup de villes autrement importantes que la nôtre, nous en trouvons les proportions suffisantes. Ce sera surtout quand il faudra en payer le montant que cette vérité se présentera sous son jour incontestable.

Mais est-il donc si petit *cet édifice à deux fins?*

Et d'abord, il est à deux fins, parce qu'il

était nécessaire d'avoir tout à la fois une halle, et une halle couverte. La halle devenait indispensable par suite du retrait de l'autorisation de tenir le marché sur l'esplanade du débarcadère, notifié, au nom de l'ingénieur, par la dépêche du conducteur des ponts et chaussées résidant à Arcachon, en date du 5 octobre 1857. L'expérience avait démontré aussi que ce marché devait être couvert ; tout souffrait, en effet, d'une exposition permanente aux intempéries de la saison : les acheteurs, les vendeurs, la qualité même des objets de consommation.

La construction de la halle dans le même bâtiment que la Mairie se trouvait, pour des motifs impérieux d'économie, imposée par l'état de nos ressources. Cette double destination n'était pas, du reste, une nouveauté. Elle existe dans une foule de villes, et notamment à Pau ; et cette distinction, nous l'avons rendue le plus apparente possible en consacrant le rez-de-chaussée uniquement à la halle ; et, à côté de la halle, à des magasins de comestibles dont le produit était réclamé pour grossir un peu le chiffre de nos recettes. Le centre de la construction, exclusivement consacré à la Mairie, est élevé de deux étages. Au premier se trouvent une vaste salle pour les délibérations du Conseil municipal, un cabinet pour le maire; deux pièces : l'une pour le secrétariat, l'autre pour les archives et le logement de la gendarmerie. Au second étage, deux appartements sont ménagés pour les employés de la commune, au traitement le plus modeste.

Si j'entre dans ces détails, ce n'est pas seulement afin de justifier les dimensions de l'édifice, assurément plus que suffisant, mais dans le but de prouver, en même temps que, les parties dont il se compose se trouvent assez distinctes pour que l'accouplement des deux inscriptions placées, d'après vous, *côté à côté*, soient aussi éloignées que possible l'une de l'autre. Aussi, non-seulement ce contact immédiat n'existe que dans votre bienveillante

imagination ; mais l'inscription indiquant la
destination du bâtiment principal figure dans
le milieu du monument, au-dessus du premier étage, en grandes lettres dorées, tandis
que l'enseigne du commerçant est tracée en
petits caractères, au rez-de-chaussée, sur le
bas-côté réservé uniquement aux magasins en
location.

Il faut avoir bien envie de faire des critiques
pour s'en permettre d'aussi peu fondées, ou tenir
à tout prix au changement conseillé de situation. Les arguments alors ne font jamais défaut :

Qui veut tuer son chien, l'accuse de la rage.

Ce n'est pas de la rage que vous l'accusez :
c'est de poison. Il est heureux, en effet, que
tout le monde n'ait pas le nerf olfactif aussi
sensible que le vôtre. Car il faut, pour que
vous vous hasardiez à en courir la chance, une
circonstance aussi solennelle que votre donation. Le plaisir d'entendre Mlle Ferni est loin
de vous suffire. J'en ai la preuve sous les yeux

par une lettre que vous avez écrite du *château
d'Arcachon*, le 18 août dernier, à cette artiste
distinguée, pour lui expliquer, par ce danger,
votre impossibilité d'aller l'applaudir, après
lui avoir refusé, nouveau Mécène, une de vos
salles pour donner son concert.

J'aime beaucoup votre conseil de faire chez
moi la Mairie. Elle y a déjà existé, et sans
indemnité, pendant tout le temps que nous en
avons été privés. J'avoue que j'ai eu tort de ne
pas continuer le système qui vous plaît tant ;
j'aurais même dû le perfectionner encore. Pourquoi ne me chargerais-je pas, en effet, des frais
de tous les services publics? Ce serait, assurément, un moyen excellent de conserver plus
d'argent pour vous payer le coût des expropria-
tions qui vous sont si fatales.

Il vous reste un dernier argument pour le
remplacement de la Mairie actuelle par une
seconde plus grandiose : c'est de la rendre digne « surtout de la visite tant et si justement
» désirée du Chef de l'État, que la municipa-

» lité d'Arcachon serait, dans l'état actuel des
» choses, bien embarrassée de recevoir, car
» elle ne voudrait probablement pas accepter,
» pour ce noble usage, le seul édifice qui en
» soit digne. »

Que je suis enchanté, Monsieur, de vous
avoir fourni cette occasion de parler de l'Empereur en termes si convenables et si solennels,
et de faire ainsi connaître à vos concitoyens
vos sollicitudes et votre dévouement pour sa
personne!

Mais elle a eu lieu déjà cette visite, que vous
qualifiez avec raison de *tant et si justement désirée*. Et je puis l'affirmer : le pays, qui en a
été si heureux et si fier, en doit le bienfait,
après la haute bienveillance de Leurs Majestés,
au Corps municipal, — et ce sera un de ses
plus beaux titres de gloire, — qui l'a longtemps
imploré, et est allé à Labouheyre en renouveler
la respectueuse demande. Cette visite même,
sans doute, ne sera pas la dernière; j'en ai
recueilli d'une bouche Auguste la consolante

espérance. Mais, soyez-en sûr, l'Empereur ne viendrait pas s'Il pouvait penser un instant qu'Arcachon s'est imposé, dans ce seul but, une dépense aussi considérable que la construction d'une nouvelle Mairie.

Du reste, cette dépense pourquoi se l'imposerait-il? Ne glissez-vous pas délicatement que vous pouvez l'en dispenser; vous vous empressez, en effet, d'ajouter que la municipalité ne voudrait pas « probablement accepter pour ce noble usage le seul édifice qui en soit digne. »

Qu'en savez-vous? Est-ce l'expérience du passé qui vous autorise à tenir ce langage? Lors de la première visite de l'Empereur, votre château était à peu près dans l'état où il se trouve aujourd'hui. Nous l'avez-vous offert? Avons-nous pu le refuser?

Votre concours s'est borné à permettre de prendre des broussailles dans vos forêts; et cette générosité vous l'avez annoncée au public dans une lettre adressée à mon adjoint, —

honnête et estimable industriel, qui n'a ni le
privilége de commencer son nom par une syl-
labe ressemblant à un titre nobiliaire, ni la pré-
tention de l'allonger par une particule, — et
portant pour suscription : « *A Monsieur Thomas
de Lussan.* »

Voilà deux fois déjà, Monsieur, que je vous
surprends en flagrant délit de plaisanteries d'un
goût plus que douteux à l'égard d'honorables
fonctionnaires. Cessez-les donc, pour peu que
vous teniez à être pris au sérieux.

IV

ÉTABLISSEMENT DES FONTAINES.

IV

Établissement des Fontaines.

Nous voici parvenus sur un terrain où vous
m'attendez de pied ferme. Je vous vois d'ici
vous demander comment je pourrai répondre
à une accusation d'insuccès évident, incontestable. Eh! mon Dieu, bien simplement : par
l'exposé fidèle des circonstances qui l'ont précédé, accompagné et suivi.

Je n'apprendrai rien à personne en disant
que l'eau des puits d'Arcachon, sans être de
mauvaise qualité, est, dans quelques endroits,
tellement colorée, que la vue seule inspire
parfois une certaine répulsion. Dès le 27 avril
1855, le médecin-inspecteur d'alors, l'honorable docteur Pereyra, qui avait déjà tant fait

pour notre pays, aux intérêts duquel il veillait avec une prévoyante sollicitude, adressa une circulaire imprimée à tous les propriétaires, pour appeler leur sérieuse attention sur l'indispensable nécessité de changer la nature d'une eau qui pouvait, la calomnie aidant, nous porter préjudice.

L'administration municipale devait tenir compte de cet avertissement aussi compétent que salutaire, et la création de la commune nouvelle paraissait rendre opportun le moment d'introduire, sur ce point, une amélioration importante.

Elle fut assez heureuse pour obtenir de M. le Préfet, qui traite toujours, suivant sa bienveillante expression, Arcachon en enfant gâté, qu'un des puits filtrants dont le Gouvernement dotait alors, à ses frais, quelques communes des Landes sous l'habile direction de M. Chambrelent, ingénieur des ponts et chaussées, nous serait accordé. Le succès répondit à toutes les espérances. Ici, comme ailleurs,

le système de M. Chambrelent amena les plus
plus favorables résultats. Une notable quan-
tité d'eau, répondant aux exigences principales et aux plus impérieux besoins, était
trouvée; il fallait en profiter; et pour cela,
il était indispensable de conduire cette eau dans
toute l'étendue du boulevard de la Plage, sur
une longueur de plus de 3 kilomètres : car
personne n'ignore que, à Arcachon, un des
plus grands obstacles aux améliorations successives, c'est l'obligation rigoureuse, lorsqu'on veut en introduire quelqu'une, de faire
partout ou nulle part. Nous venions à peine
de naître à la vie communale; nos ressources
étaient bien modestes; une imposition extraordinaire de 50 centimes par franc avait été exigée pour faire face, dans notre premier budget,
aux seules dépenses de l'arrosage et de l'éclairage et de deux ou trois autres services publics; l'octroi n'était pas encore créé, et nous
n'étions pas certains d'en obtenir l'autorisation.

Néanmoins il fallait de l'eau, il en fallait

sur toute la ligne, parce que, si elle n'était pas
indispensable partout, elle était partout utile
et exigée. Un court calcul nous démontra que
la canalisation en tuyaux de fonte, qui offrent
les conditions les plus sérieuses de solidité et
de durée, coûterait, à elle seule, quatre fois
plus que nous ne pouvions consacrer à la
totalité des travaux. On dut se résoudre,
quoique à regret, à employer une matière
beaucoup moins chère, mais aussi plus chan-
ceuse. Le projet toutefois ne fut pas légèrement étudié. On le confia au conducteur
des ponts et chaussées qui avait, sous les
ordres de M. Chambrelent, dirigé les travaux
du puits filtrant. Un inspecteur général divi-
sionnaire aurait présenté sans doute, comme
à Bordeaux, plus de garanties de capacité, je
n'ai pas dit d'infaillibilité absolue. Que voulez-vous ! l'emploi des hommes de cette valeur nous était interdit, et pour cause. Ce
n'est pas vous, du reste, Monsieur, qui vou-
driez voir traiter dédaigneusement, je le pré-

sume, le titre de conducteur. Vous connaissez peut-être comme moi des ingénieurs en chef improvisés de chemins de fer en herbe qui seraient embarrassés pour en justifier de plus élevé. Il n'y a qu'un malheur dans cette affaire, c'est que le suffrage universel, qui habituellement a si bien l'instinct de ses intérêts, vous ait laissé, par deux fois, sur le seuil de l'entrée du Conseil municipal. Les sérieuses études que vous avez dû faire, lorsque vous méditiez le projet, devenu célèbre, de relier, par un tunnel, devant Royan, les deux rives de la basse Gironde, nous sont un sûr garant que les travaux hydrauliques vous étaient familiers, et que vous auriez évité à la commune des frais dépensés jusqu'ici sans profit, et à moi de si pénibles déboires. Je le sais bien : vous me répondrez que vous n'étiez pas candidat. Vous l'avez déjà écrit au *Journal d'Arcachon* le 19 septembre 1860, par le ministère de Mᵉ Simard, huissier à Bordeaux, — coût : 5 fr. 40 c. — et en accompagnant votre exploit d'expres-

sions blessantes pour moi. Ce journal avait re-
produit, comme c'était son droit, le résultat
du scrutin des élections municipales de 1860,
d'après le procès-verbal des opérations, sur
lequel vous figuriez à votre rang pour *trois*
voix, mais sans y ajouter, comme c'était son
devoir, la moindre réflexion. Il est évident
qu'un cas aussi pendable exigeait impérieuse-
ment une réclamation.

Mais pourquoi donc n'auriez-vous pas été
candidat? Ne comptiez-vous, par hasard, assez
sur les sympathies publiques? Elles vous étaient
cependant naturellement dues pour les émi-
nents services que vous avez rendus au pays.
Peut-être préfériez-vous rester à la galerie; la
place y est, en effet, plus intéressante. Lorsque
le long cortége des œuvres utiles et quelquefois
grandes défile devant vous, vous détournez
prudemment la tête, parce que sa vue vous
blesse, réservant vos regards lorsqu'il passe
une erreur — ceux qui ne font rien, seuls,
n'en commettent pas; — vous saisissez alors

un puissant instrument d'optique pour la grossir et l'exagérer.

Réduits à nos propres lumières, nous n'en avons pas moins fait tous les efforts conseillés par la prudence pour parvenir au succès. Avant l'emploi du ciment pour les tuyaux de conduite, je me suis transporté avec M. Déjean, membre du Conseil municipal et l'auteur du projet, chez M. Fragneau, mécanicien à Bordeaux; et là nous avons constaté, au moyen de la presse hydraulique, que les tuyaux présentaient une résistance de trois atmosphères, trois fois suffisante pour une pression de 8 mètres. La réussite ne tenait donc plus qu'à une confection convenable des joints; le Conseil municipal, ne voulant pas les confier à un entrepreneur, parce que l'appât du gain aurait pu les lui faire négliger, en prescrivit l'exécution en régie, qui, bien surveillée, devait nécessairement aboutir.

C'est par les joints que les tuyaux ont manqué. Je n'en ferai plus remonter aujourd'hui

la responsabilité sur le seul coupable. Il en a
été assez puni par son échec et l'abandon de
l'emploi qu'il occupait dans le département.

Cependant il y avait un insuccès à réparer.

Sur ma demande, le Conseil chargea, le
5 septembre 1858, une Commission composée
de MM. Jacquot, ingénieur en chef des mines ;
Partiot, ingénieur en chef en retraite, et
Chambrelent, ingénieur des ponts et chaussées,
d'examiner les causes de l'insuccès et d'y apporter remède. Je fais appel aux souvenirs de
ces habiles et honorables ingénieurs : est-il
possible de mettre plus d'empressement que
je ne l'ai fait à leur livrer tous les éléments qui
pouvaient éclairer leur religion et faciliter leurs
travaux, et plus d'énergie à défendre devant
eux, érigés plus d'une fois en arbitres, les
intérêts de la commune?

Aucun essai tenté par leurs ordres et sous
leur direction, ne put remédier au vice origi-
nel. Il fallut renoncer à la canalisation primitive. Ils conseillèrent alors d'y substituer

l'emploi de tuyaux *Chameroy*, dont le système allait être appliqué et aurait infailliblement réussi, lorsqu'une nouvelle idée, — idée grande cette fois, je l'espère du moins, — en fit ajourner l'exécution. Cette administration municipale, objet de vos dédains, ne se laissait abattre ni par cet échec momentané, ni par les peines qu'il lui avait occasionnées. Elle songeait à prendre une éclatante revanche ; et, sur sa proposition, l'amenée des eaux du lac de Cazeaux à Arcachon, éloigné de 16 kilomètres, fut mise à l'étude et confiée à un ingénieur hydraulique que je n'ai pas besoin de désigner, mais dont tout le monde connaît le nom et proclame le mérite.

Dans cette même séance du 5 septembre 1858, après avoir fait connaître au Conseil municipal la situation de cette affaire, je continuai en ces termes : « En présence d'un état » de choses aussi fâcheux, je n'ai pas besoin » de vous exprimer, Messieurs, les pénibles » émotions que j'en ai personnellement ressen-

» ties. Depuis vingt ans que j'ai l'honneur de
» faire partie d'une municipalité, je n'ai ja-
» mais été soumis à une si douloureuse épreuve.
» J'en ai compris, soyez-en sûrs, toute la ri-
» gueur, et suis disposé à en supporter les
» conséquences. Si vous pensez que, dans la
» surveillance de cette affaire, j'ai même de la
» négligence à me reprocher, à défaut de toute
» autre responsabilité, je suis prêt à assumer
» sur moi-même celle que vous jugerez à pro-
» pos de m'attribuer. Lorsqu'on a consacré à
» l'administration d'un pays aimé son temps,
» sa peine, sa santé même, on peut encore lui
» faire ce dernier sacrifice.

» Si des erreurs ont été commises et que
» mon intervention paraisse utile pour aider à
» les réparer, disposez de moi sans réserve. Si
» vous croyez, au contraire, qu'un autre, si-
» non plus dévoué, du moins plus habile et
» plus heureux, vous offrira de meilleures ga-
» ranties pour obtenir le but désiré, je n'hési-
» terai pas à prendre ma retraite en emportant

» le précieux souvenir de votre bienveillance, et
» faisant les vœux les plus ardents pour la
» prospérité d'une ville que j'ai vue naître, et
» à laquelle mon cœur ne demeurera jamais
» étranger. »

A l'offre de ma démission, le Conseil répondit, séance tenante : « Après avoir entendu
» cet exposé, le premier besoin qu'éprouve le
» Conseil est d'exprimer à M. le Maire combien
» il apprécie le zèle et le dévouement avec les-
» quels il dirige les affaires communales, et le
» prier de continuer à remplir des fonctions
» qu'il est, mieux que personne, à même
» d'exercer dans l'intérêt bien entendu de la
» commune. »

A la proposition d'accepter la responsabilité
matérielle de cet insuccès, le Conseil, après
avoir entendu le rapport et les conclusions de
MM. les Ingénieurs, ne donna pas d'autre solution que celle d'allouer, sans discussion, le
30 janvier 1859, les crédits devenus nécessaires, et de la faire suivre de cette délibéra-

tion, prise sur la proposition de M. Nath.
Johnston :

« Avant de se séparer, le Conseil exprime à
» M. le Maire toute sa gratitude pour le zèle,
» le dévouement et l'abnégation avec lesquels
» il se consacre tout entier à l'administration
» si difficile et si laborieuse de la commune,
» et de lui renouveler l'assurance de son con-
» cours le plus affectueux et le plus complet. »

Aussitôt que le procès-verbal de cette séance
eut passé sous ses yeux, M. le Préfet me
fit l'honneur de m'écrire le 2 février : « J'ai
» lu avec un vif intérêt la manifestation si ho-
» norable et si bien méritée du Conseil muni-
» cipal, et j'aime à vous exprimer que le Pré-
» fet s'y associe entièrement et de cœur. »

L'année suivante, le mandat du Conseil
municipal était expiré. Ses actes allaient être
ainsi soumis au verdict souverain du suffrage
populaire. Les membres du Conseil, à l'exception de l'honorable M. Couve, qui avait exprimé le désir de ne plus continuer ses fonc-

tions, furent tous réélus à la presque unanimité des suffrages. 148 électeurs sur 167 inscrits avaient pris part au scrutin.

Continuez désormais tant qu'il vous plaira, Monsieur, à tourner et retourner sans cesse le poignard dans la plaie. C'est le propre des grandes âmes. Aujourd'hui, la vérité tout entière est connue ; cela me suffit.

V

EMPIERREMENT DES RUES CONDUISANT DE LA ROUTE
DÉPARTEMENTALE AU BASSIN.

V

Empierrement des rues conduisant de la route départementale au Bassin.

Quel habile professeur de *plein voyant* et de *plein jalon* vous êtes, Monsieur ! comme votre science déborde partout ! et quels utiles enseignements les élèves agents-voyers pourront puiser dans la lecture de votre œuvre ! Vous poussez l'obligeance jusqu'à leur rappeler le nom des instruments à leur usage, et leur indiquer même la manière de s'en servir. Une leçon de *clair voyant* leur eût été peut-être plus profitable. Mais ils ne vous en doivent pas moins de la reconnaissance. Je souhaite ardemment qu'elle égale votre bienfait. Je ne suis pas bien sûr, toutefois, que de temps en temps ils ne se permettront point encore quelque double pente, surtout lorsqu'elle sera insensible, comme dans le cas actuel, et que l'écoulement des eaux n'aura pas à en souffrir.

Rassurez-vous sur l'état de ces rues qui ont pu momentanément éprouver un dommage sur quelques points, par suite d'une surcharge subite et extravagante des charrettes destinées au transport des matériaux, surcharge favorisée, en outre, dans ses fâcheux résultats, par l'extrême mobilité du sous-sol filtrant et remontant sans cesse à la surface, comme le liquide le plus fin. Qui aurait pu supposer qu'on entasserait jusqu'à deux mètres de pierres sur un véhicule, et que l'appât du gain n'aurait pas plus d'égards pour un simple chemin vicinal que pour une route impériale? Les dégâts seront bientôt réparés.

Pourquoi n'avez-vous pas ajouté que votre avenue Sainte-Marie, la seule de vos voies empierrées, n'a pas éprouvé le même dommage? Je l'aurais cru sans peine. Quoique

votre chaussée ne soit pas plus épaisse que les
nôtres, elle ne courra pas de grands risques, tant que l'absence de toute circulation
la maintiendra dans son état de virginité primitive.

VI

TRANSPORT DES DÉPÊCHES PAR UN AGENT MUNICIPAL.

VI

Transport des dépêches par un agent municipal.

C'est uniquement pour ne pas laisser une seule de vos accusations sans réponse, quelque peu de fondement qu'elle puisse présenter, que je m'arrête un instant sur celle-ci.

Comment ! il vous a fallu lire le Traité administratif de Paul Cère ! le bon sens ne vous suffisait-il donc pas à démontrer que les gardes-champêtres ne sont pas payés pour faire les courses du maire — pour ses affaires privées, bien entendu ? Vous ne parlez, il est vrai, que de *mes* lettres et de *mes* journaux ; c'est adroit. Il est fâcheux que vous ayez négligé d'ajouter que les dépêches administratives m'étaient apportées par le facteur. Le tableau eût été plus joli.

Eh bien, oui ! le garde-champêtre Dubéarn est chargé par moi, lorsqu'une affaire ne réclame pas ailleurs sa présence, de prendre, à la poste, mes dépêches administratives et personnelles. Ce droit, je le puise dans l'instruction générale de l'Administration des Postes, en date du 18 décembre 1855, approuvée le 20 du même mois par le Ministre des finances, art. 769 et 771 ainsi conçus :

« Art. 769. Les objets qui doivent ou qui » peuvent être distribués au guichet du bureau » sont : 1° la correspondance administrative et » *particulière* des autorités et fonctionnaires » publics.... »

« Art. 771. Les fonctionnaires dont les » noms suivent pourront faire retirer du gui- » chet du bureau leurs correspondances admi- » nistratives et *particulières* avant la distri- » bution générale, savoir : ..... 7° les maires. » Lorsque les fonctionnaires ci-dessus désignés

» veulent user de cette faculté, ils doivent
» faire connaître par écrit au directeur *la per-*
» *sonne* qu'ils entendent charger du soin de
» retirer leurs correspondances. »

Je consens à vous dire que je me suis con-
formé à cette prescription le 18 mai 1858.

Il résulte de la combinaison de ces dispositions, que j'ai le droit de faire prendre avant
la distribution générale, au guichet de la poste,
ma correspondance administrative et *particu-*
lière, mais par la même personne. La longueur
de la distribution par les facteurs ordinaires
m'en faisait un devoir. J'ai accompli, je n'en
doute pas, un acte prudent et utile à la fois
à la commune, en chargeant de ce soin plutôt
un agent assermenté, inspirant naturellement
plus de confiance, qu'un domestique qui aurait pu ne pas présenter toujours, pour des
dépêches importantes, les mêmes garanties.

Comme votre police est active et bien faite
autour de ma maison ! vous avez même constaté que ce transport avait lieu, *que je sois*

présent ou absent, — ce qui prouve, en passant, que le but administratif est évidemment l'important.

Vous avez cru devoir faire remarquer que je m'absentais quelquefois ! Je ne puis vraiment que vous savoir gré de n'avoir pas poussé votre sollicitude jusqu'à me demander le motif de mes absences et la preuve d'un congé régulier.

VII

SUBVENTION AU *JOURNAL D'ARCACHON*.

VII

J'arrive, Dieu merci, au dernier de vos
griefs. Au nombre des services que je crois
avoir été assez heureux pour rendre au pays,
la fondation du *Journal d'Arcachon* me paraît
devoir occuper une place. La presse pério-
dique, en effet, est un des instruments de publicité les plus actifs, les plus nécessaires. Vous
auriez eu beau construire dix châteaux, que,
sans la presse, le nom et les avantages d'Arcachon ne seraient jamais parvenus à acquérir la
renommée qui fait et fera de plus en plus sa fortune. C'est la presse bordelaise qui a commencé
sa réputation; la presse locale la multiplie et la
perpétue. La seule existence d'un journal dans

le pays est un bienfait. Elle prouve déjà
son importance ; et la reproduction fréquente,
dans les autres journaux, des articles em-
pruntés à notre feuille, donne une publicité
immense dont ici tout le monde profite.

Faut-il donc s'étonner que le Conseil municipal consacre chaque année à cette publicité
de quinze numéros par saison une somme
insignifiante si on la compare aux avantages
qu'elle procure, pour acquitter les frais de
cinquante abonnements servis, d'après la liste
dressée par M. l'Inspecteur de nos bains de
mer, aux principales célébrités médicales de
France et de l'étranger ? Cet envoi, du reste,
ce n'est pas le Conseil municipal qui l'a décidé le premier. En 1856, à la naissance du
journal, Arcachon n'était pas en commune.
Les propriétaires subvenaient, par des souscriptions volontaires, aux dépenses qui leur
paraissaient les plus urgentes et que La Teste
ne pouvait pas acquitter. C'est dans une de
leurs réunions générales qu'ils s'imposèrent

spontanément les frais de *cent* abonnements. Vous assistiez à la réunion, Monsieur, et vous ne jugeâtes pas utile de vous opposer à cette mesure.

Après la création de la commune, ces *cent* abonnements souscrits furent réduits à cinquante pour le paiement, mais nullement pour l'envoi, qui a continué pendant six ans sans interruption jusqu'à la saison dernière.

Si je voulais une preuve de plus de l'utilité d'une presse locale, ne la trouverais-je pas dans l'imitation de notre exemple par les établissements voisins de Royan et de Biarritz?

Mais « le but principal, sinon unique, du » *Journal d'Arcachon,* paraît être, dites-vous, » de chanter les louanges de l'administration » municipale et de ses adhérents, » et c'est ce qui vous afflige. Je vous croyais, je l'avoue, plus de fertilité dans l'esprit. Cette accusation, elle est extraite textuellement des *Heures d'un prisonnier,* témoignage éloquent des heureuses

8

conceptions que peuvent inspirer le calme de la solitude et les douceurs du repos.

Notre feuille locale a un autre but que celui de chanter les louanges du corps municipal. Si, parfois, elle en cite les actes, en s'abstenant de toute réflexion interdite, est-ce sa faute si cet aride exposé des faits emporte avec lui son éloge?

On rendra certainement au *Journal d'Arca-chon* cette justice :

Aucun fiel n'a jamais empoisonné sa plume.

Peut-il en dire autant ce *journal rival,* innocente victime, enlevée avant l'heure par un coup de *foudre du parquet,* aux intérêts généraux qu'il servait si bien et à votre touchante affection qui l'accompagne jusqu'après son décès?

OEUVRES ACCOMPLIES A ARCACHON.

Œuvres accomplies à Arcachon.

J'ai terminé l'examen des actes que vous nous reprochez, et je crois avoir démontré que, s'ils n'ont pas vos sympathies, ils ne méritent point le blâme et le ridicule publics que vous essayez vainement de leur infliger.

Ma tâche serait tout à fait finie si vous ne borniez pas au chiffre de *sept* l'actif, additionné pendant dix ans, des œuvres successives des administrations de La Teste et d'Arcachon. Cet arrêté de compte, que vous traitez de *triste nomenclature des faits, gestes et travaux de la municipalité d'Arcachon*, vous le flétrissez sans hésiter d'une souveraine appréciation, qui se résume en ces termes : Tout ce qui s'est fait

d'écourté, de mesquin, de routinier, de ridicule, est notre ouvrage ; tandis que tout ce qui
est, au contraire, marqué au coin du *beau* et
du *grandiose*, est dû uniquement à d'autres,
et à vous principalement. Et joignant aussitôt
l'application au principe, vous citez :

La prolongation du chemin de fer ;

La belle avenue latérale à la gare ;

*L'avenue qui conduit de la gare à la route
départementale en face du château ;*

Le château lui-même ;

L'avenue Euphrosine ;

L'avenue Saint-Arnaud ;

L'avenue Sainte-Marie ;

*L'église paroissiale et son clocher, dus uni-
quement au zèle et à la persévérance de M. le
curé Mouls ;*

*La chapelle Saint-Ferdinand, que les sacri-
fices personnels de M. Célérier et des divers
propriétaires du quartier ont fait édifier ;*

*Et enfin de belles et nombreuses villas dont
la pittoresque élégance et le confortable inté-*

*rieur charment les étrangers et les convient
au retour.*

Vérifions d'abord, Monsieur, si la nomenclature de nos *faits, gestes et travaux* se borne,
comme vous le dites, aux sept actes objet
de vos critiques et de vos fines railleries ;
nous examinerons ensuite s'il ne nous serait
pas permis de réclamer une part dans les
œuvres publiques que vous signalez comme
étant entièrement accomplies en dehors de
notre action ; et nous profiterons de la circonstance pour dire le concours que vous avez prêté
à quelques-unes d'entre elles. Nous donnerons
enfin notre sentiment sur vos propres œuvres,
que vous citez comme des modèles et que vous
nous fournissez ainsi le droit de discuter.

Je ferai tous mes efforts pour être aussi bref
que possible ; je ne rapporterai que les actes
principaux, ceux surtout qui intéressent Arcachon.

Je suivrai forcément votre exemple, pas tout
à fait cependant, car je ne remonterai pas,

comme vous, au delà de notre naissance, qui
ne date que du 13 août 1852, époque à laquelle nous dépendions encore de La Teste.
Cette union a duré jusqu'au 2 mai 1857.

A peine entrée en fonctions, la nouvelle municipalité adresse au Prince-Président, qui
devait passer plusieurs jours à Bordeaux, pendant son voyage dans le Midi, une supplique
pour le prier d'honorer La Teste et Arcachon
de sa visite. Le Préfet d'alors, M. Haussman,
fait savoir qu'il se refuse, quant à lui, à trans-
mettre l'expression de ce vœu, par le motif
que le canton venait de réélire pour le Conseil
général un membre, M. Dumora, peu sympa-
thique au Gouvernement. Ne pouvant pas obtenir la faveur de cette visite, la municipalité
conduit à Bordeaux une députation de jeunes
filles qui apportent les produits du pays au
Chef de l'État, et appellent ainsi sur nos contrées sa première et bienveillante attention.

La chaussée conduisant de La Teste à Arcachon, construite comme *route de port*, est

abandonnée par tout le monde ; la destruction
en est imminente ; nous obtenons du même
Préfet, sans classement préalable, son entretien immédiat jusqu'au débarcadère, et plus
tard, sur un vote du Conseil général chaleu-
reusement appuyé par M. Johnston, son empierrement jusqu'à l'allée de la Chapelle, à
condition que les trois quarts au moins de la
dépense seraient fournis par les intéressés.
Nous organisons une souscription, et réalisons
9,300 fr. Ce provisoire n'a été régularisé qu'en
1860, mais le bienfait n'a pas cessé un instant.

Le 10 mai 1853, le chef de cette municipalité nomme une commission pour étudier, sous
sa présidence, les besoins religieux de la sec-
tion d'Arcachon et les moyens de les satisfaire.
Elle décide, le 7 avril suivant, à l'unanimité
moins la voix de M. le Curé de La Teste, qu'il
y a lieu de solliciter l'érection en succursale
de la chapelle d'Arcachon. Quatre jours après,
le 11, j'ai l'honneur d'en adresser la demande
à S. Ém. le Cardinal-Archevêque, et, le 28,

le Conseil municipal donne à ce projet un avis favorable, à l'unanimité moins deux voix. Dans l'intervalle, le 14 du même mois, la commission spéciale se transporte avec vous à la chapelle, afin de se rendre compte, sur les lieux, de l'importance des offres verbales que vous aviez faites au sujet de cet édifice; et il demeure convenu que vous les formulerez par écrit. Nous les attendons encore. Nous verrons plus tard le concours que vous avez prêté à cette œuvre grande et belle — c'est vous qui l'avez dit — de la construction de l'église et du clocher.

Le 15 avril 1854, Arcachon est érigé en paroisse, et, le 31 mai 1856, un vicariat y est créé.

Le 11 mars 1853, le lendemain de la nomination de la commission spéciale, dont les travaux avaient été promptement couronnés de succès, une seconde commission est instituée par la municipalité, et toujours sous la présidence de son chef, dans le but de doter le

pays de fêtes et régates qui eurent lieu alors
avec tant de retentissement, et dont la renais-
sance a été, l'été dernier, si favorablement
accueillie. Vous faisiez partie de cette commission; mais dès le 30 avril, vous adressiez
votre démission, trois mois avant la première
fête. Vous étiez cependant, dans cette commission, en bonne compagnie; vous vous y
trouviez notamment avec M. Alphan, ingénieur en chef des ponts et chaussées, qui prélu-
dait par les fêtes de charité de Bordeaux aux
magnifiques travaux du bois de Boulogne;
avec M. Chambrelent, ingénieur aussi dis-
tingué que dévoué à nos landes; avec M. Paul
Regnault, ingénieur en chef des chemins de fer
du Midi, auquel nos contrées méridionales
doivent la superbe passerelle reliant les deux
gares de Bordeaux et d'Orléans, et qui, si jeune
encore, est déjà célèbre; et tant d'autres.

Elle a aussi rendu de grands services, l'ins-
titution de cette commission. Elle a d'abord
donné à Arcachon le nom qu'il porte sans

contestation aujourd'hui. C'est bien quelque chose. A cette époque, on comptait des quartiers nommés *la Chapelle, le Mouëng, Eyrac*, *les Places*, etc., etc., mais il n'y avait pas de nom accepté par tous pour désigner l'unité. Les pèlerins l'appelaient *Notre-Dame ;* les habitants du pays, *la Côte ;* les étrangers, *les bains de mer de la Teste ;* le chemin de fer lui-même a été étudié sous la désignation de prolongement jusqu'à *Eyrac.* Jamais le nom d'Arcachon n'avait été appliqué à l'ensemble du pays. Les nombreuses affiches apposées dans la France entière pour annoncer *les fêtes charitables d'*Arcachon, ont popularisé ce nom que portait déjà, sur toutes les cartes, le bassin sur les bords duquel il est situé.

En sus des grands avantages recueillis par tout le monde, les pauvres y trouvèrent un secours de 3,412 fr. 25 c., qui leur furent distribués à la suite des fêtes de 1853 et 1854.

Le 4 août 1853, l'arrosage public est introduit à Arcachon, et une entreprise créée par nous en facilite l'exécution aux propriétaires qui devaient en supporter les frais.

La même année 1853 (10 novembre) voit commencer l'instruction d'une affaire que vous avez, dans votre impartialité, jugé utile de ne pas mentionner parmi nos *faits et gestes,* mais dont il vous sera difficile de nier l'importance. Je veux parler du rachat des droits d'usage, auquel plus que personne vous étiez si grandement intéressé. Laissez-moi dire, pour ceux de mes lecteurs qui l'ignorent, en quoi consistaient alors ces droits qui, fort heureusement, n'existent plus aujourd'hui. La totalité des maisons d'Arcachon étaient construites au milieu d'emplacements soumis à la vaine pâture; dès lors, il était interdit de les clore. Le premier usager venu pouvait y couper les pins pour ses constructions, avec l'autorisation des syndics, et les chênes sans permission; les arbousiers, sous le futile prétexte d'en faire des tuteurs pour la vigne, n'étaient pas plus protégés. Que dis-je ! les possesseurs de ces

terrains, dont le sol leur appartenait sans
doute, mais dont l'usufruit était pour ainsi
dire commun, ne pouvaient pas disposer des
arbres à leur gré ; il leur était défendu, 1° de
les gemmer à mort ; 2° de les couper ; 3° de
les vendre. Et vous-même, Monsieur, qui accusez si bien les autres d'être les destructeurs
des arbres, n'avez-vous jamais eu de procès
avec les syndics de nos forêts usagères, pour
avoir trop ouvertement et trop largement
abusé, sur ces trois points, d'une faculté qui
vous était interdite? Vous n'ignoriez pas, cependant, qu'en déboisant ainsi le pays, vous
lui enleviez un de ses plus grands charmes.

Je le demande : une propriété, d'agrément
surtout, ainsi grevée, ainsi modifiée, était-
elle une vraie propriété? Que valait-elle donc
en réalité, les communes usagères pouvant à
chaque instant ramener les propriétaires à la
stricte observation des transactions en vi-
gueur? Au-dessous du prix des forêts ordinaires, 3 à 400 fr. l'hectare tout au plus.

L'avenir d'Arcachon n'était donc pas seulement impossible, son présent lui-même était
sérieusement compromis. Il fallait, à tout
prix, sortir d'une situation aussi déplorable.
Était-ce facile? La commune de La Teste ne
se trouvait pas seule usagère, celle de Gujan
l'était aussi. Si plusieurs habitants du chef-
lieu de la première de ces deux communes
voyaient, on ne doit pas se le dissimuler,
avec une certaine jalousie, le développement
de la jeune cité, ceux de la seconde avaient,
à cause de la rivalité de leurs bains de mer,
des intérêts diamétralement opposés aux
nôtres. Les difficultés de la situation ne nous
découragèrent pas ; et pendant les seize mois
que dura l'élaboration d'un arrangement
aussi désirable, le chef de la municipalité
présida et dirigea les nombreuses réunions de
la commission mixte chargée de ce pénible
travail. Enfin on se mit d'accord. Un projet
de transaction fut préparé. Le Conseil municipal de La Teste l'approuva le 24 février

1855 ; celui de Gujan, quelques jours après. Il
restait encore à obtenir l'adhésion de l'assemblée générale des propriétaires des forêts de
La Teste et d'Arcachon. Comme trop souvent,
hélas ! on faillit échouer au port ; l'opinion
publique avait été travaillée, et cette agitation
était développée encore par les émotions de la
lutte qui se préparait pour les élections du
Conseil général et du Conseil municipal, et
dont les prémisses faisaient présager la viva-
cité. Comme aujourd'hui, des mémoires im-
primés circulaient dans toutes les mains. De
part et d'autre on aspirait au rejet ; on avait
dit, en effet, aux uns : L'indemnité de 300 fr.
par hectare proposée pour le rachat est illu-
soire en présence de la plus-value apportée
aux propriétés qui en obtiendront la faveur ;
aux autres, que cette indemnité équivalait
presque à la valeur même du sol forestier, et
qu'elle était donc ainsi exagérée. Au moment
de l'ouverture de la séance, on n'y voyait que
des visages hostiles. L'assemblée était au

complet. Un membre manquait toutefois, un
seul, mais important, il est vrai : le rappor-
teur, M. Dumora. La discussion est ouverte,
tous les orateurs attaquent le projet. Vous
étiez là, Monsieur ; qui l'a défendu ? le chef
de cette administration si cavalièrement traité
par vous, et qui fut assez heureux pour rallier
à son opinion, après de longs efforts, l'immense majorité des suffrages, je devrais dire
l'unanimité, puisque personne ne s'y op-
posa. C'était le 9 avril 1855. L'acte authen-
tique en fut passé devant Mes Dumora et
Dignac, notaires du canton, le 17 juillet de
la même année, retardé par les délais exigés
pour l'approbation des autorités compétentes.

Cette dernière délibération, qui apportait la
paix dans deux et bientôt dans trois communes;
qui ouvrait à l'avenir d'Arcachon les horizons
les plus vastes; cette délibération à propos de
laquelle M. Meaume, le savant professeur de
droit forestier à l'école de Nancy, a écrit :
« Cet acte est ce qu'on pouvait faire de mieux

» dans les limites du possible; » cette délibération, qui, *d'après vos évaluations propres,*
vous rendait, du jour au lendemain, PLUSIEURS
FOIS MILLIONNAIRE......, vous n'avez pas voulu
la signer.

Vous avez écrit quelque part dans votre
brochure que vous teniez à *enrayer, par tous
les moyens en votre pouvoir, le char administratif que mon aveuglement conduit à l'abîme.*
Encore une chute comme celle-là, et votre sort
sera fort à plaindre.

Eh bien ! ce rachat des droits d'usage était-il
par hasard une œuvre *écourtée* et *mesquine?*
Ce n'est pas à vous, bien entendu, que je le
demande; c'est à mes lecteurs.

Je continue. Le 11 mai 1854, le Conseil municipal donne un avis favorable à un marché
quotidien de comestibles à Arcachon. Retardé par les avis indispensables du Conseil
d'arrondissement et du Conseil général, il ne
put fonctionner qu'aux débuts de la saison
suivante.

La même année voit encore établir des ré-
verbères sur toute la longueur du boulevard
de la Plage, encore aux frais des propriétaires.
Cette souscription, l'administration municipale l'organise, la fait recueillir et la prolonge
pendant deux ans pour l'entretien.

Le 22 juillet 1854, les maisons d'Arcachon
sont numérotées; et pendant que le Conseil
municipal lui accorde cet avantage, il le refuse,
séance tenante, au chef-lieu pour lequel il est
réclamé.

Un grand travail est ensuite entrepris et
terminé l'année suivante : les rues de La Teste
sont pavées toutes à la fois, et, dans ce bienfait, Arcachon n'est pas oublié : l'avenue de la
Chapelle y est comprise. Voici comment cette
œuvre est appréciée, le 17 novembre 1855,
dans le sein du Conseil municipal, par son vé-
nérable doyen, qui pendant plus de quarante
ans en avait fait partie, et qui avait été longtemps placé comme maire à la tête de la commune : « M. Lalesque père se lève, dit le pro-

» cès-verbal de la séance, et demande au
» Conseil, dans quelques paroles chaleureuses,
» de s'associer aux sentiments de vive recon-
» naissance qu'il exprime à l'égard de M. le
» Maire, pour la sagesse, le zèle et l'activité
» avec lesquels il a accompli le pavage de La
» Teste; c'est une œuvre d'embellissement, de
» commodité et de salubrité dont la commune
» retire les plus grands bénéfices. »

« Le Conseil, ajoute le procès-verbal, a
» acclamé unanimement le fidèle interprète de
» sa pensée. »

L'année 1855 vit aussi s'élever la chapelle
Saint-Ferdinand, à laquelle l'administration
municipale prit quelque part, nous nous en
assurerons plus loin, et le Presbytère, un des
plus jolis châlets d'Arcachon. C'est pendant
cette même année que commença, toujours aux
frais des propriétaires, la construction des trot-
toirs. Vous avez été long à donner l'exemple,
même devant votre château. Quant au côté de
votre habitation, il est encore privé de cette

utile amélioration. Et puisque je m'occupe de
la route départementale, pourquoi ne dirais-je
pas que lorsque, l'an dernier, l'administration
supérieure l'a dotée d'une plantation agréable
et réclamée de tous, vous seul avez voulu, et
par écrit, exiger qu'on arrachât les arbres
plantés devant chez vous ?

Nous voici maintenant arrivés à une œuvre
tellement importante, que, sans elle, Arcachon, gêné par les langes de son berceau,
n'aurait jamais atteint ni le degré de prospérité auquel il est déjà parvenu, ni surtout
celui qui l'attend. Je veux parler de son érection en commune distincte, toujours activée
par le chef de la municipalité, et qui souleva
si fortement les passions. Je dirai seulement
que, sur un rapport que j'eus l'honneur de lui
adresser, le Conseil municipal, assisté, confor-
mément à la loi, des plus forts imposés,
adopta, le 8 mai 1856, après une discussion
dont ceux qui en ont été les témoins n'ont pu
oublier l'énergie, la proposition, que je lui

en faisais, à la majorité de treize voix contre onze. Ce succès difficile, inespéré peut-être, nous dispensa de faire prononcer par une loi notre séparation, et en hâta d'un an, au moins, le bienfait.

L'existence commune est enfin terminée. J'avais pris possession de la municipalité de La Teste dans une position financière si brillante, que des délais étaient forcément sollicités pour solder à la Caisse des dépôts et consignations les engagements contractés pour l'achat de la Mairie, et qui ne pouvaient pas l'être à échéance. Je la quitte quatre ans et neuf mois plus tard, laissant, après les importants travaux que nous avions opérés, une dette réduite à 9,000 fr., dont Arcachon prit la moitié, et, pour l'acquitter, un dernier budget présentant un excédant de recettes sur les dépenses de 10,689 fr. 94 c.

Nous voici appelés à vivre de notre vie propre. La nouvelle commune est riche, à sa naissance, d'une dette de 4,500 fr., et pas d'une recette. Tout est à créer. C'est par une imposition extraordinaire de 50 centimes par franc, je l'ai déjà dit, qu'est forcé de débuter le nouveau conseil pour solder les modestes dépenses de 1857 ; mais il n'aura pas longtemps recours à cette ressource extrême. Il organise tous les services : l'instruction primaire ; la voirie ; la police ; la salubrité ; l'arrosage ; l'éclairage, qui doit être irréprochable, puisqu'il n'excite pas votre verve ; les secours contre l'incendie ; la mutualité, par l'organisation d'une société de prévoyance, etc., etc. L'art lui-même n'est pas oublié : un orphéon est créé et soutenu par une subvention communale. Tout cela, il l'obtient avec un modique emprunt de 12,000 fr. remboursable en dix ans, et sur le produit duquel les deux tiers sont absorbés par les travaux entrepris pour l'établissement des fontaines. Et en même temps qu'il se livre à ces dépenses indispensables pour une ville de bains et d'agrément, il y pourvoit au moyen de ressources perçues, pour l'immense majorité, sur la classe généralement aisée des étrangers qui fréquentent notre plage. Il parvient ainsi, en moins de cinq années d'existence, à doter la commune d'un revenu ordinaire qui la place au nombre des dix plus riches du département.

Tout le monde se soumet à ces charges inévitables. Chez vous, il se rencontre une exception. Un de vos gens est surpris au moment où il introduit à votre domicile un sac d'avoine caché sous de la paille et qui n'a pas acquitté les droits. La voie de la conciliation vous était ouverte, vous ne l'employez pas; et il faut, pour que la commune obtienne satisfaction, que, par un jugement en date du 19 novembre 1858, le Tribunal correctionnel de Bordeaux vous condamne, comme civilement responsable, à 100 fr. d'amende et à la confiscation de votre équipage.

Récemment encore, le 10 décembre dernier, une question capitale pour Arcachon se discutait à La Teste devant une commission supérieure envoyée par M. le Ministre de la marine : fallait-il ou non autoriser l'établissement de réservoirs à poissons dans les prés salés qui touchent Arcachon ? On disait, d'un côté, que cet établissement favoriserait l'alimentation de la commune ; de l'autre, qu'il serait dangereux pour la salubrité publique. Cette question se traitait dans le sein d'une assemblée des plus nombreuses. Vous étiez là, Monsieur, et, comme pour le rachat des droits d'usage, vous gardez le silence. C'est toujours le chef de l'administration qui, éclairé des lumières de M. le Dr Hameau, médecin inspecteur, et secondé de sa parole, discute et repousse ce projet qu'il croit fâcheux pour le pays.

Le Conseil demande et obtient à grand'peine, et après un voyage spécial que je fais à Paris, un bureau de distribution des lettres, transformé sept mois après en direction, à la seule constatation de ses produits.

Il réclame avec force contre l'état d'insalubrité de la partie des prés salés de La Teste au sud de la route départementale, et aussitôt satisfaction lui est donnée.

Il porte plusieurs fois, et jusqu'aux pieds de l'Empereur, sa respectueuse supplique pour la défense de nos berges attaquées par les courants ; pour l'amélioration des passes du Bassin où s'engloutissent périodiquement tant de victimes, et pour sa transformation en port de refuge : ses vœux sont sur le point d'être exaucés. Tous ces projets éminemment favorables sont, en ce moment, soumis à la haute sanction du Conseil d'État ; et il obtient, faveur si enviée, le 10 octobre 1860, la visite de nos Souverains.

Il s'associe, le premier de tous, et avec une profonde gratitude, à la grande et généreuse pensée de M. Émile Pereire, président du Conseil d'administration des Chemins de fer du Midi, pour l'établissement au milieu de nous d'un casino et de villas d'hiver dont les travaux, après six années de difficultés inouïes, sont déjà commencés. A qui ai-je besoin de rappeler, excepté à vous, la large part que la municipalité a prise à l'élaboration de cette interminable affaire? Qui ignore, en effet, les obstacles suscités par quelques agents d'une administration publique qui n'auraient pas combattu avec plus d'énergie si c'eût été *pro aris et focis?* Si jamais la municipalité, admirablement secondée par M. le curé Mouls, a déployé tout son *entêtement,* c'est surtout pour arriver à une solution qui va, je n'en doute pas, doubler l'avenir du pays.

Ai-je besoin de parler de nouveau du projet d'amener les eaux du lac de Cazeaux, éloigné de seize kilomètres, eaux blanches, limpides et pures qui couleront à flots? Les études en sont terminées; et un honorable propriétaire du pays, receveur général d'un des départements de l'Empire, a déjà promis de trouver une compagnie pour exécuter ce projet à ses frais. Il ne manque plus que la preuve, de la part des propriétaires, que ce bienfait sera aussi secondé de leurs abonnements que vivement désiré. Est-ce là encore une *idée mesquine et écourtée ?*

Est-ce aussi une *idée mesquine et écourtée* que celle de créer des promenades qui manquent ; d'entourer la commune d'un boulevard, et d'ouvrir des voies d'accès dans notre belle forêt jusqu'ici abordable aux cavaliers seulement ; et, pour opérer tant de travaux, de solliciter et d'obtenir la haute bienveillance de l'illustre financier qui préside avec tant de distinction aux destinées des chemins de fer du Midi, bienveillance qui se traduit, pour les matériaux, par un concours des plus généreux ; et de recueillir, pour la façon, de propriétaires dévoués, les avances, remboursables par annuités en harmonie avec nos recettes ?

Laissez-moi ajouter : bien que notre éclairage public soit, à défaut du gaz, ce qu'on peut trouver aujourd'hui de plus convenable, nous nous occupons activement, depuis quelque temps déjà, des moyens de faire jouir le plus tôt possible Arcachon de l'introduction de ce dernier système, que toutes les villes considèrent avec raison comme le plus avantageux.

Que dirai-je encore que tout le monde ne sache déjà des actes de ce Conseil municipal, objet de vos dédains et de vos railleries? Il est temps de passer à l'examen des œuvres exécutées, d'après vous, sans nous, des vôtres principalement, que vous énumérez avec tant de complaisance.

Et d'abord, *en première ligne,* comme vous dites :

Le prolongement du chemin de fer jusqu'à Arcachon.

Êtes-vous bien sûr que nous n'y ayons pas contribué? Nous verrons. Pas autant que vous, il est vrai... matériellement. C'est vous qui l'avez fait... comme entrepreneur. Votre

dévouement est toujours désintéressé. Et ce dévouement, vous le trouvez trop récompensé
sans doute, puisque vous faites à la Compagnie un premier procès pour voir *changer* le
prix de votre marché ; un second, en qualité
de propriétaire, pour l'inclinaison chez vous
des talus que vous aviez établis comme entrepreneur, et qui ne vous satisfaisait pas. Notre
rôle n'a pas été aussi actif ; c'est possible.
Mais est-il resté stérile ?

Dès 1854, nous secondions ce projet de prolongement de nos démarches ; nous l'appuyions
de notre avis et de notre vote dans la commission d'enquête nommée par M. le Préfet ; et
nous facilitions même vos propres travaux par
notre intervention personnelle, plusieurs fois
renouvelée, et qui n'est pas toujours restée
sans résultats, pour vous faire livrer par certains propriétaires, et avant le décret d'expropriation, les terrains traversés.

La belle avenue latérale à la gare; — l'avenue
qui conduit de la gare à la route départe-
mentale en face du château.

C'est au chemin de fer, je le proclame, qu'on
les doit. Un des côtés les plus touchants du
concours que vous lui avez prêté à cette occasion, c'est de donner quittance du prix de la
vente que vous lui avez consentie du terrain
nécessaire pour leur établissement. Il en est de
même de l'*avenue Euphrosine*. Quand vous
l'avez ouverte dans le principe, vous en dédui-
siez *un* mètre sur les *six* qui vous restaient; et
si elle a été portée à *quinze* aujourd'hui, nous
en devons uniquement le bienfait au chemin
de fer, qui vous a bel et bien soldé encore le
droit de la réndre publique. C'est ainsi, vous
le voyez, que vous justifiez toujours votre libéralité tant promise, lorsqu'il s'agit d'ouvertures de voies larges et grandioses.

L'avenue Saint-Arnaud.

Je vous conseille de vous en faire gloire:
tout s'est borné, de votre part, à abattre des
pins en pleine forêt et à pleins jalons sur une
certaine largeur, à les vendre ensuite avec la
terre de bruyère qu'ils avaient à leurs pieds.

L'avenue Sainte-Marie.

Pour celle-là, vous vous êtes mis plus en
frais; et pendant que les simples piqueurs
construisent les routes *convexes*, vous, ingénieur en chef, vous changez de système et les
faites *concaves*, en forme de canal; au point
que les berges sont retombées sur la chaussée,
qui a disparu sous le sable.

Vous avez oublié de citer les allées de
Tourny. C'est dommage. Je n'aurais pas été
fâché de vous voir appeler l'admiration publique sur cette dune éventrée *en diagonale* et

sur ce beau désordre, qui est un effet de l'art, qui commence par un débit de vins et finit par un précipice.

La chapelle Saint-Ferdinand.

Ah! oui, gloire avec vous à M. Célérier et à ses coopérateurs, que notre digne curé a si vivement secondés, et auxquels nous avons été heureux d'apporter, nous aussi, notre concours, ne fût-ce qu'en contribuant, comme membre de la fabrique, à allouer les fonds nécessaires pour terminer le monument et le doter d'un bourdon.

Gloire aussi, avec vous, aux constructeurs de *ces belles et nombreuses villas, dont la pittoresque élégance et le confortable intérieur charment les étrangers et les convient au retour.* Permettez-moi, toutefois, de prendre ma part du compliment. J'y ai bâti la première, et ne m'en suis pas tenu là.

Le château lui-même.

Parlons, avec les égards qu'elle mérite, de cette œuvre interminable dont les premières parties seront déjà élevées à la dignité de monuments historiques, lorsque les autres recevront la dernière main. Il ne fait pas mal, en effet, ce château, en quittant le chemin de fer, malgré son perron à *pleins voyants,* mais pas à *pleins jalons* dans l'axe de son avenue, et la démolition de son pigeonnier féodal qui en couronnait si agréablement le faîte. On vous doit des remercîments pour l'avoir importé de la Champagne avec une fidélité qui fait plus d'honneur, dit-on, à votre mémoire qu'à votre imagination. Comme votre modèle, il est placé au milieu d'un parc grandiose, qui en forme tout à la fois l'agrément et le complément. Ne l'avez-vous pas, en effet, judicieusement rappelé avec Armande, au début de votre livre?

Quand sur une personne on prétend se régler,
C'est par les beaux côtés qu'il lui faut ressembler.

Votre château, tout le monde le regarde, quelques-uns l'admirent, personne ne l'envie.

A ce château seigneurial il fallait un blason. Vous aviez trop les goûts aristocratiques pour l'oublier, et assez d'habileté pour en composer les *armes parlantes* qui flottaient capricieusement au vent le jour de nos dernières régates. Sur un fond d'*azur*, symbole de l'amour que vous avez voué à Arcachon, fruit de vos œuvres, s'arrondit, dans son plein, une lune blanche, image de la splendeur que vous avez su lui imprimer; l'astre des nuits est d'*argent*, témoignage de la richesse dont vous l'avez doté. Au milieu de cette lune, un cœur percé d'une flèche rappelle à la triste humanité qu'on n'enfante pas sans douleur, et proclame hautement le mal que vous vous êtes donné pour accomplir tant de bien.

La gratitude de vos concitoyens vous dédommagera, il faut l'espérer, de toutes vos

peines. Je crains, cependant, que vous n'y
comptiez pas d'une manière absolue, s'il faut
en croire la devise dont vous avez jugé prudent d'entourer ces éloquentes armoiries. Ne
dirait-on pas que vous faites d'avance appel à
la postérité, cette suprême consolation des
génies incompris : *Virtus post funera vivit;*
votre mérite vivra..... après votre mort.

Un éminent service que vous avez voulu
rendre à Arcachon, et que votre modestie vous
a fait passer sous silence, c'est, on ne saurait le
contester, votre projet malheureusement avorté
du chemin de fer du Médoc. Arcachon, sous
notre indolente administration, s'endormait
dans les délices de Capoue. Il fallait l'arracher,
à tout prix, à cette fatale torpeur. Une concur-
rence, au sein même du département, pouvait
peut-être amener ce résultat désiré. Vous n'êtes
pas long à saisir l'occasion, et la voie ferrée
conduisant aux bains de mer de Soulac s'enri-
chit aussitôt de vos ardentes sympathies et de
votre féconde direction.

Voilà, Monsieur, les pièces variées du feu
d'artifice dont vous avez si brillamment illu-
miné le ciel arcachonnais. Il n'y manque plus
que le bouquet ; le voici :

*L'église paroissiale et son clocher, dus unique-
ment au zèle et à la persévérance de M. le
curé Mouls.*

Ce n'est pas moi, Monsieur, qui contesterai
l'éloge mérité que vous faites de notre bien-
aimé pasteur. Je sais mieux que vous, peut-
être, ce que cette œuvre lui a coûté de soins,
de veilles, d'efforts et de sacrifices ; personne
ne les apprécie à une plus haute valeur que
moi. Je regrette seulement que cette justice de
votre part soit si tardive ; pour être venue en
son temps, elle n'en eût pas eu moins de prix.
Ce n'est plus, Dieu merci, l'époque où vous
m'écriviez pour inviter M. Mouls à demeurer
chez lui à la suite de la manifestation bien naturelle du désir de voir se terminer à l'amiable

un procès que vous avez perdu. Mais, alors,
il n'avait pas eu le privilége de servir d'inter-
médiaire à Mme la Maréchale de Saint-Arnaud
et à Mme la Générale de Tartas, pour vous faire
acheter des emplacements importants. Pour
un homme désintéressé comme vous l'êtes, les
gens qui ont d'aussi bonnes connaissances ne
sont pas à dédaigner.

Oui, c'est à ce digne prêtre qui, antérieure-
ment à celle d'Arcachon, avait construit trois
autres églises et trois presbytères, qu'est dû,
bien avant tous, l'honneur du monument dont
nous sommes si fiers. Mais croyez-vous qu'il
n'aurait pas lui-même éprouvé plus de plaisir
si le Conseil de fabrique, qui l'a secondé avec
tant de persévérance; si le Conseil municipal,
qui, ne pouvant pas faire davantage, s'est empressé d'acquérir le Presbytère, afin qu'on pût
en appliquer le prix (15,000 fr.) à cette construction; si l'autorité municipale elle-même,
qui n'a pas cessé un instant de lui apporter
son concours aussi loyal qu'empressé, n'avaient

pas été exclus par vous de toute participation
à cette œuvre? Que vous comprenez mal ses
sentiments si élevés !

Quoi qu'il en soit, cette œuvre est grande
et belle, vous en convenez. Voyons l'appui que
vous lui avez prêté. Je ne vous dirai pas : Où
est votre pierre? bien que cet édifice doive
à des souscriptions volontaires la majeure
partie de ses ressources. Chacun est libre de
refuser la sienne. Je vous demanderai seulement quel est l'obstacle que vous n'y avez pas
suscité ?

En 1847, cela date de loin déjà, les terrains n'avaient d'autre prix que la valeur
forestière. La fabrique veut clore une partie de
l'emplacement sur lequel la chapelle est bâtie
et qu'elle croit lui appartenir; vous l'assignez
devant le juge de paix. Privée de son titre,
par suite de circonstances que je crois inutile
de rappeler et qui sont assez connues dans le
pays, elle subit les conditions qui lui furent
imposées. Un arrangement intervient le 7 dé-

cembre 1847, par-devant M. le Juge de paix de
La Teste, entre votre représentant et celui de la
fabrique. L'emplacement litigieux est déclaré
appartenir à cette dernière ; mais elle s'interdit
le droit de le clore et d'y établir des constructions.

J'ignore ce que vous y avez gagné. Dans
tous les cas, la fabrique y perdait quelque
chose.

Lorsque le moment est venu de construire
l'église, que les plans sont dressés et approu-
vés, on s'aperçoit, en voulant les appliquer
sur le terrain, qu'il est court de quatre
mètres pour prolonger l'abside. M. le Curé
n'avait plus le droit de vous parler ; à son
défaut, M. Dmokowski, trésorier de la fabrique nouvelle, vous prie de vendre ou de céder
ces quatre mètres de terrain — vous en pos-
sédiez vingt hectares à l'entour ; — vous n'y
consentez pas. M. Alaux, l'habile architecte
de ce magnifique monument, vous voit à son
tour, et vous adresse, au nom de l'art, la

même prière. Même refus. Il faut alors vous exproprier pour cause d'utilité publique. Mais de semblables formalités sont longues. Le temps presse; on doit commencer. On commence en effet, mais on est réduit à aplatir un peu l'église par les deux bouts ; et vous êtes cause qu'à tout jamais elle est courte pour sa largeur.

Les travaux de construction sont poussés avec la plus grande activité. Les matériaux ne peuvent plus être contenus dans l'étroit emplacement qui reste à la fabrique. Quelques-uns sont déposés sur un vacant vous appartenant et qui fait partie de l'expropriation devenue nécessaire. Deux ou trois ouvriers, fatigués par les ardeurs d'un brûlant soleil d'été, sont assez téméraires pour s'abriter à l'ombre d'un chêne; aussitôt, par exploit de Larroque, huissier à La Teste, en date du 16 juin 1858, — coût 9 fr. 45 c., — vous faites sommation aux membres du Conseil de fabrique d'avoir à vous débarrasser de ces matériaux indiscrets, et inhibition et défense d'en déposer d'autres à l'avenir.

Vous vendez ensuite à Mlle Goujon un terrain contigu à celui qui va être exproprié, et sur lequel terrain existait une petite maison, par acte à la date du 13 juillet 1858, et commençant ainsi : « Par-devant Me Dumora,
» notaire à La Teste, etc., etc., a comparu la
» dame Marie-Anne Robert (nommée en famille
» Nelly), sans profession, épouse de M. Adal-
» bert-Alexandre Iphyclès Deganne, ingénieur
» en chef des chemins de fer du Médoc, de lui
» à ce présent autorisée, demeurant ensemble
» à Arcachon; laquelle a vendu.... à Mlle Marie
» Goujon.... une petite maison, avec terrain
» en dépendant, d'une contenance de deux
» ares trois centiares. » Et dans cet acte, vous faites insérer la réserve suivante, que je transcris littéralement : « Comme aussi la vende-
» resse interdit à la demoiselle acquéreur la
» faculté de vendre l'immeuble par elle acquis,
» soit à M. le Curé d'Arcachon, soit au Con-

» seil de fabrique de l'église d'Arcachon, et d'y
» établir dessus aucune servitude de passage au
» profit de l'église ou du presbytère de cette
» paroisse, cette interdiction étant une condi-
» tion essentielle et déterminante de la vente,
» sans laquelle elle n'aurait pas eu lieu. »

On n'a jamais poussé l'odieux plus loin.

Je signale cette réserve à la reconnaissance
publique, et l'introduction, dans un acte au-
thentique, d'une clause aussi radicalement
nulle aux méditations des aspirants au no-
tariat.

Peu de temps après, vous aviez près de là
une cabane de résinier et son complément, un
parc.... à animaux. Vous les transportez l'une
et *l'autre* sur le terrain qu'on exproprie, juste
en face du presbytère et à la seule distance lé-
gale de deux mètres, ayant le soin, alors que
l'usage général pour ces sortes d'habitations
est d'avoir la façade au midi, de l'exposer, au
contraire, au nord, lui faisant tourner ainsi
le dos à la place publique pour que *toutes* les

ouvertures se trouvent, le plus possible, à portée de la chambre à coucher de M. le Curé.
Cette cabane, vous la démolissez, il est vrai,
la veille de l'arrivée de Leurs Majestés, — elle
pouvait, en effet, trop contraster avec le château ; — mais le coût de cette démolition,
vous n'entendez pas le perdre : c'est la fabrique
qui le paiera. M. le Curé affirme qu'en vous
mettant d'accord sur la somme de 6,300 fr.,
montant des terrains pour lesquels vous n'avez
pas jugé à propos d'attendre la fixation du
jury, vous lui avez fait l'observation, accompa-
gnée d'explications significatives, que les 300 fr.
étaient destinés à acquitter le prix de ce changement.

Vous adressez ensuite à M. le Président du
Conseil de fabrique d'Arcachon la lettre suivante et pas mal raturée :

« Arcachon, 17 *Nov 59*.

» Monsieur,

» J'ai été informé, depuis longtemps déjà, de l'intention
» qu'avait la fabrique d'Arcachon d'exproprier les abords

» de l'église en construction. Bien que des propositions
» m'eussent été faites par plusieurs personnes qui dési-
» raient bâtir sur ces terrains, jusqu'à ce jour je ne m'étais
» pas engagé, afin qu'on ne pût pas dire que ces terrains
» étaient aliénés en vue de l'expropriation. Aujourd'hui de
» nouvelles propositions m'ont été faites pour la partie bor-
» dant l'escalier. Or, comme ces propositions sont plus
» élevées que celles que la fabrique *aurait pu faire,* et que,
» d'un autre côté, cette expropriation est indéfiniment
» ajournée — *à dix ans* peut-être, — je ne pouvais, sans
» compromettre gravement mes intérêts, rester dans cette
» situation. J'AI DONC VENDU cette partie contiguë à l'es-
» calier.

» Je suppose qu'avant quinze jours, les bâtiments seront
» commencés ; ils doivent être habitables le 25 mars pro-
» chain.

» Dimanche matin, je termine pour la zône limitrophe du
» presbytère et pour une parcelle à l'est de la chapelle.

» J'aurais pu me dispenser de vous prévenir, mais je
» *tiens à être poli quand même.*

» Recevez, etc., etc.

» Signé : A. DEGANNE. »

M. le Curé, président du Conseil de fabrique,
me communique votre lettre ; et comme c'était
la commune qui poursuivait l'expropriation,

je suis forcé de vous faire adresser, le 24 du
même mois, par le ministère de Me Larroque,
huissier à La Teste, un acte extrajudiciaire,
par lequel je vous rappelle que les formalités de
l'expropriation suivent leur cours; que vous devez connaître les dispositions de la loi, portant,
dans ce cas, que toute construction doit être
considérée comme une amélioration et qu'il
n'en sera tenu aucun compte; j'ajoutais que, si
vous ou vos acquéreurs bâtissiez, vous auriez
à en subir les conséquences.

Personne ne bâtit. Mais voici qui est plus
fort : le 30 janvier suivant, soixante-quatorze
jours après votre lettre, et non *dix ans*, comme
vous le disiez avec tant d'assurance, le décret
autorisant l'expropriation est rendu; et lorsqu'il faut convertir en acte public cette acqui-
sition de dix-sept ares de terrain, destinée à
former, avec la partie appartenant à la fabrique,
une place de quatre-vingts mètres de longueur sur cinquante de largeur, — qui con-
sent cette vente? Vos acquéreurs, sans doute?

Vous aviez *écrit* et *signé* QUE VOUS AVIEZ VENDU ?
— Non, c'est vous.

La langue française a un mot pour désigner une semblable altération de la vérité. Ce mot, mes lecteurs l'ont déjà prononcé.

Voilà, Monsieur, le concours que vous avez prêté à cette œuvre si belle et si grande, — de votre propre aveu, — de la construction de l'église, de ce monument qui sera l'éternel honneur de ceux qui l'ont entrepris et mené à bonne fin.

Que sais-je? vous essaierez, peut-être, de justifier cette injustifiable conduite, comme vous le tentiez — m'a-t-on rapporté — ces jours derniers, pressentant un de vos côtés faibles. Vous auriez donné pour prétexte que vous ne vous opposiez *per fas et nefas* à la reconstruction, sur le point où elle existait déjà, de l'église paroissiale, que parce qu'elle eût dû être transportée dans le quartier du débarcadère, si souvent qualifié par vous de central, près de votre château, — auquel elle aurait pu servir d'oratoire.

Il serait assurément curieux cet argument inventé après coup et pour le besoin de la cause. Ce changement de situation, vous ne l'avez pas toujours désiré. Le 14 avril 1853, — nous l'avons déjà dit, — la commission spéciale des besoins religieux d'Arcachon se transportait avec vous sur le terrain de la fabrique pour juger de l'importance des offres *verbales* que vous aviez faites en vue de cette reconstruction. Devrait-on s'étonner aujourd'hui de votre nouvelle opinion? Le côté *est* de vos propriétés était desservi par la chapelle Saint-Ferdinand; le côté *ouest* aurait continué à l'être par la vieille chapelle; le milieu seul se trouvait privé de ce bienfait. Comment ne s'est-on pas hâté de vous l'accorder? N'était-ce pas trop juste?

Vous n'auriez pas perdu, je le comprends, à ce changement, pas plus que vous ne perdriez à celui de la Mairie, tant sollicité main-

tenant. Trois églises pour les trois centres de
vos propriétés ! De plus, vous nous auriez
vendu l'emplacement de la troisième ; et si
même, pour le niveler, du sable fût devenu
nécessaire, n'en existait-il pas à côté au prix
que l'ont payé les constructeurs, dans le quartier désiré, de la chapelle Sainte-Cécile, pour
laquelle ils ont reçu de vous, peut-être, l'hommage du terrain ?

Fallait-il donc la changer de place, l'é-
glise paroissiale ? Pourquoi ? afin d'en grati-
fier, sans doute, ceux qui, la sachant éloignée,
ne s'en sont, en construisant, nullement in-
quiétés ; et au détriment de ceux qui, ayant
foi dans ce rapprochement, avaient élevé à côté
de si nombreuses maisons ? Mais, encore : ce
n'est pas pour un moment qu'on bâtit des édifices ressemblant à des cathédrales, c'est pour
des siècles ; et vous n'ignorez pas, — vous
l'espérez même certainement, puisque vous
possédez toujours, dans le quartier où l'église
est située, près de vingt hectares de terrain,

11

— la tendance irrésistible à se rapprocher constamment de la mer. Quelques années à peine ont, en effet, suffi pour transférer le centre d'Arcachon du Mouëng à Eyrac, et d'Eyrac au débarcadère, où il n'existe même déjà plus. Avant dix ans, notre église paroissiale, à la suite surtout du prolongement de la route départementale qui s'opérera cette année, sera au centre des habitations, comme elle se trouve exactement au milieu de la commune. En attendant, elle ne saurait être mieux située : à la même distance des dernières constructions vers l'Océan, que la chapelle Saint-Ferdinand de la pointe de l'Aiguillon.

J'ai terminé cette réponse, que des lecteurs étrangers à Arcachon et à ses intérêts trouveraient peut-être un peu longue. Mais des attaques violentes, renouvelées incessamment et que je n'ai jamais provoquées, devaient être repoussées une fois pour toutes. Le sujet, d'ailleurs, était important et exigeait quelques détails. C'est un événement rare, en effet, que la création d'une ville, élevée, en quelques années, comme par enchantement, au milieu de sables déserts. Ne croyez pas, Monsieur, que je veuille m'en attribuer la gloire. Cette ville, on la doit d'abord à la Providence, qui lui avait préparé une plage si belle et un climat si doux, amélioré encore par le voisinage de notre immense forêt de pins résineux ; on la doit aux bienfaits de l'Empereur, qui, ramenant le calme et le bien-être général, a mis à la portée de tout le monde ces bains de mer, qui n'étaient autrefois qu'un privilége; on la doit

aux chemins de fer de La Teste et du Midi,
qui ont fait disparaître son éloignement; on
la doit aux faveurs du Gouvernement et de
toutes les autorités supérieures : l'autorité départementale avant toutes; l'autorité religieuse,
et bien d'autres; on la doit à ceux qui, ayant
foi dans l'avenir, ont construit ces nombreuses habitations d'agrément ou de spéculation
qui en font l'ornement. Ne la doit-on pas aussi
au Conseil municipal et à cette Administration
que vous traitez avec tant de hauteur, et qui
a consacré à ce pays, objet de ses plus chères
affections, tout ce que Dieu lui a départi de
forces, d'activité, d'intelligence? Il fallait un
trait d'union à cette œuvre commune. Ce trait
d'union, qui l'a été? Est-ce vous, est-ce nous?
L'opinion publique, à laquelle vous avez fait
appel et que j'accepte avec empressement pour
juge, répondra en appréciant tous les actes; et
son arrêt, je ne le redoute pas.

FIN.